Bruder Jona

Cor**j**ona

... es hat begonnen ...

Mediatrix-Verlag

Layout:
Cover: Jutta Wanderer
Inhalt: Bruder Jona
Bild: shutterstock

Bestelladresse für Österreich:
Mediatrix-Verlag,
A-3423 St. Andrä-Wördern, Gloriette 5

Bestelladresse für Deutschland:
Mediatrix-Verlag,
D-84495 Altötting, Kapuzinerstraße 7

ISBN: 978 3 902722 52 2

☎ Österreich: 0043 (0) 2242 38386
☎ Deutschland: 0049 (0) 8671 12015

1. Auflage 2021
© Alle Rechte beim:

Mediatrix-Verlag
A-3423 St. Andrä-Wördern, Gloriette 5

Inhaltsverzeichnis

Es hat begonnen!

Ein Hilferuf sagt: „Schreibe"

Liebe Freunde, es ist nicht einfach, das zu vermitteln, wovon mein Herz voll ist. Das Grundgerüst dieses Büchleins habe ich sehr schnell in den Computer getippt. Aber dann kamen die neuen *„Lockdowns"*, die Wahl in Amerika, Terroranschläge, Gesetzesänderungen ... und es ist kein Ende der Überraschungen in Sicht.

Immer wieder fragen mich Freunde: *„Was denkt Jona, was macht Jona?"* Am Ende meines letzten Buches habe ich geschrieben: *„Ich persönlich möchte nicht immer unter dem Rizinusstrauch sitzen..."* Und, was ist? Ich sitze immer noch da und schaue auf Ninive. Aber – es hat sich etwas verändert!

Ich sehe Rauch aufsteigen, kann ihn aber nicht einordnen. Was bedeutet das? Wird in Ninive gekämpft? Brennt die Stadt? Sind es Freudenfeuer? Oder sind es Signale, die man deuten sollte?

Ich bemerke, dass die Stadt unversehrt ist und auch nicht brennt. Außerdem ist Ninive meistens menschenleer. Daher kann es weder ein Kampf noch ein Brand oder ein Freudenfeuer sein. Ich denke: Es sind Rauchsignale, die aufsteigen. Warum das? Schickt Ninive vielleicht eine Botschaft in die Welt? Möglicherweise hängt diese Botschaft mit Corona zusammen! Vielleicht ergeht aus Ninive ein Hilferuf für das *„Ninive der Welt"!*

Für mich bedeutet dies: Schreibe! Erkläre, was Corona in dieser Zeit bedeuten kann. Und so greife ich wieder zur Feder – und beginne mit einem Buch, das ich *„CorJona"* nenne, weil ich, der *„Bruder Jona",* über *„Corona"* schreibe.

Es fällt mir nicht leicht[1], aber in den nächsten Zeilen schreibt das Herz *„cor"* von *„Jona"* über *„Corona".* Die fett gedruckten Buchstaben gelesen, ergeben das Wort *„corJona".*

---

[1] Für jeden Satz des Buches gilt: „Prüft alles und behaltet das Gute!" (1 Thess 5,21).

Ein Glaubensabfall wie noch nie!

Wir haben in den letzten Jahrzehnten mit zunehmendem Wohlstand einen rapiden Glaubensabfall und eine extreme Sittenverderbnis erlebt. Schließlich kamen noch viele fremde Leute ins Land. Für Alois Irlmaier sind das Etappen[2], die zum dritten Weltkrieg führen.

Das Treiben der Menschen der *„letzten Tage"* beschreibt Paulus folgendermaßen: *„Und da sie es nicht für wert erachteten, sich gemäß ihrer Erkenntnis an Gott zu halten, lieferte Gott sie einem haltlosen Denken aus, sodass sie tun, was sich nicht gehört. Sie sind voll Ungerechtigkeit, Schlechtigkeit, Habgier und Bosheit. Voll Neid, Mord, Streit, List und Tücke, sie verleumden und treiben üble Nachrede, sie hassen Gott, sind überheblich, hochmütig und prahlerisch, erfinderisch im Bösen und ... stimmen bereitwillig auch denen zu, die so handeln" (1 Röm 28-32).*

Die EU ist eine Staatengemeinschaft ohne Gott. Die Gemeinschaft hat bewusst auf einen Gottesbezug in der Verfassung verzichtet. Ihre Vertreter sprechen jedoch trotzdem von *„Werten"*, wobei sogar Sünden als Werte um-definiert werden, wie die Vereinfachung der Ehescheidung, die Rechtmäßigkeit der *„Homo-Ehe"* und die Sterbehilfe.

Jesus schildert den Anfang der Not so: *„Viele falsche Propheten werden auftreten und sie werden viele irreführen. Und weil die Gesetzlosigkeit überhandnimmt, wird die Liebe bei vielen erkalten" (Mt 24,11-12).*

---

1.   Zuerst kommt ein Wohlstand wie noch nie.
2.   Dann folgt ein Glaubensabfall wie noch nie zuvor.
3.   Darauf eine Sittenverderbnis wie noch nie.
4.   Alsdann kommt eine große Zahl fremder Leute ins Land.
5.   Es herrscht eine große Inflation. Das Geld verliert mehr und mehr an Wert.
6.   Bald darauf folgt die Revolution.
7.   Dann überfallen die Russen über Nacht den Westen.

Das trifft für unsere Zeit zu! Die Gesetzlosigkeit nimmt überhand! Gemeint ist, dass das in das Herz des Menschen geschriebene *„göttliche Gesetz"* – in Stein geschrieben als die Zehn Gebote – ständig durch *„falsche Propheten"* umgeschrieben wird.

Doch immer, wenn das alttestamentliche Volk seinen Gott vergessen hatte, musste es leiden, um dadurch zur Umkehr zu kommen. Extreme Beispiele sind die Vertreibung aus dem Paradies, die Sintflut und Sodom und Gomorrha.

Aber es können vergleichsweise *„kleine"* Ereignisse genauso zeichenhaft sein. Ich sehe im Erdbeben[3] in Norcia[4]/Italien, das am 24.8.2016 die Basilika zerstörte, die über der Geburtsstätte des hl. Benedikt erbaut worden war, so ein Zeichen. Der hl. Benedikt ist immerhin Patron Europas und er steht für ein christliches Europa. Der Brand der berühmten Kathedrale Notre Dame am 15. und 16.4.2019 in Paris ist ebenfalls ein gravierendes Zeichen. Symbolisiert doch diese Kathedrale das Herzstück des Glaubens in Frankreich.

Die Zerstörung dieser beiden symbolträchtigen Heiligtümer ereignete sich in einer Zeit des größten Glaubensabfalls in Europa, dem Verfall der Sitten, der Legalisierung von Abtreibung und Euthanasie.

Vom Wahlspruch Benedikts *„Ora et Labora"* hat man das *„Ora"*, gestrichen. Und die zerstörte Kathedrale Notre Dame kann man als Hinweis dafür sehen, dass der Glaube an Christus und Maria einem Großteil der Christen nichts mehr bedeutet.

Ein Kind sagte dem Pfarrer treuherzig, dass es das Gedicht auswendig gelernt habe. Welches Gedicht, fragt der Pfarrer? *„Das Vaterunser"*, antwortet das Kind.

---

[3] Erdbeben kann es jederzeit und überall geben. Kurz vor dem Korrekturlesen dieser Zeilen habe ich im Internet eine Hl. Messe aus Pöllauberg mitverfolgt. Genau bei der Wandlung, als der Priester den Kelch erhob, bebte die Erde in 6 km Tiefe mit der Stärke 4,7. Das Epizentrum lag nur 7 km von meinem Standort entfernt.
[4] Norcia ist der heutige Name für Nursia.

Die „Endzeit der Endzeit"

Im Untertitel habe ich geschrieben: *„Es hat begonnen!"* Da fragen viele: *„Was hat denn begonnen?"* Ich antworte: *„Die Endzeit der Endzeit hat begonnen!"*[5] Der Angriff auf die Kirche von außen und von innen strebt einem Höhepunkt entgegen. Wir sind wirklich in die *„Endzeit der Endzeit"* eingetreten.

Die selige Elisabeth Canori Mora erhielt am 13. April 1821 folgende Offenbarung: Durch ihre Aufopferung wurde ein teuflischer Anschlag gegen die Kirche vereitelt.

Sie wurde *„von Engel in einen großen Saal zu einer Zusammenkunft von Geheimbündlern geführt. Ihr Anblick war furchtbar. Jeder hatte die sieben Hauptsünden auf der Stirne eingeprägt. Je ein Teufel stand in der Gestalt eines Wolfes neben einem jeden von ihnen.*

Auf dem Tische lagen drei Bücher mit vielen Abzeichen und Riten ihrer geheimen Sekte. Das erste enthielt auch Lästerungen gegen die Glaubenslehre, das zweite gegen die Diener der Kirche, das dritte gegen das Evangelium. Die Teufel legten den Versammelten Ketten um den Hals. Darauf bemerkte sie eine große Bestürzung. Sie betete für alle... "[6]

Das inständige Gebet einer hingegebenen Seel kann vieles erreichen. Wenn auch die ganze Hölle sich auf die Kirche stürzen würde, dürfen wir nicht aufgeben. Wir müssen beten, opfern und unseren Glauben bekennen.

Als Christen kennen wir den Ausgang dieser *„Schlacht"*, denn Maria hat in Fatima gesagt, dass am Ende ihr *„Unbefleckte Herz"*

---

[5] Die bekannte Publizistin Gabriele Kuby hat Papst Benedikt XVI. gefragt, ob man sagen könne, dass die „Endzeit der Endzeit begonnen habe. Und der Papst stimmte zu.
[6] Theresia-Verlag, Hsg., Die Visionärin Roms, Seewen, 1994.

siegen wird. Aber noch stehen wir im Kampf, am Anfang des *„End-Kampfes".*

Worum geht es? Es geht um ALLES! Es geht um das irdische UND vor allem das ewige Leben. In den kommenden Jahren werden nach all meinen Informationen Millionen von Menschen sterben: Meist nicht durch Corona, sondern durch Seuchen aller Art, durch Hunger, durch Naturkatastrophen, durch Verfolgung und Krieg. Und ich spreche nicht von Jahrzehnten, ich spreche von fünf bis sechs Jahren.

Die *„geheime Macht des Bösen"* ist am Werk: Freimaurer, Welteliten, abgefallene Kirchenfürsten... Sie alle wollen den Glauben bekämpfen und dem Menschen den freien Willen rauben. Ausgangsbeschränkungen und Masken sind dafür äußere Zeichen. In Deutschland wurde ein Mann von der Polizei dabei *„ertappt",* wie er mitten in der Fußgängerzone verbotenerweise einen Apfel ohne Tragen einer Maske aß.

In Österreich wurde ein Gesetzesantrag abgeändert, der es der Polizei gestattet hätte, auch in Privaträumen die Einhaltung der Corona-Regeln zu überprüfen.

Es kam ganz anders als erwartet

Ja, es hat begonnen! --- Aber ganz anders, als erwartet! Und niemand weiß genau, wie sich Corona weiterentwickeln wird. Sicher ist – das ahnen alle -, wir werden nicht wieder zu einer Zeit vor dem *„Lockdown"* zurückkehren. Eine andere Zeit ist angebrochen! Unser bisheriges Leben hat eine *„Vollbremsung"* erlebt, wie es sie in der Menschheitsgeschichte noch nie gab – noch nie!

Schon vor dem ersten *„Lockdown"* verkündete der österreichische Bundeskanzler Kurz, dass wir zu einer *„neuen Normalität"* kommen werden. Damit prophezeite der Kanzler, dass es das bisher als normal angesehene Leben nicht mehr geben werde. Warum konnte er – ein Politiker und kein Epidemiologe – das sagen?

Selbst nach der Pest oder den Weltkriegen hat es nach gewisser Zeit wieder ein *„normales Leben"* gegeben. Warum kann es nach Corona nicht auch so sein?

Es wird spannend, sehr spannend! Manche meinen, dass man in Zukunft vieles nur mehr dann machen kann, wenn man gegen Corona geimpft sein wird. Die Impfung wird angeblich freiwillig sein – aber unterrichten, arbeiten, reisen ... kann wahrscheinlich nur derjenige, der einen (elektronischen) Impfpass hat.

Christen in den Untergrund!

Ja, es hat begonnen und die Christen müssen wieder in den Untergrund – in die Katakomben. Wie im alten Rom muss man darauf achten, dass niemand bemerkt, wer in diesen Katakomben zusammenkommt.

Im Sommer vor dem *„Prager Frühling"* war ich mit meiner Frau in Turzowka, dem *„slowakischen Lourdes"*. Man merkte, dass in diesem kommunistischen Land, der Tschechoslowakei, im Jahr 1967 wieder eine gewisse Freiheit gegeben war, die allerdings überwacht wurde. So standen überall Spitzel und man musste vorsichtig sein. In einer Waldlichtung feierten wir mit wenigen Menschen die Hl. Eucharistie, es war eine Art von Katakombe.

Während der *„Lockdowns"* erlebten viele Menschen die Hl. Messe über Fernseher oder PC.

Viele lieb gewonnene Veranstaltungen wurden abgesagt oder stark eingeschränkt. So gab es Jahr für Jahr in Mariazell am Vorabend des Patroziniums eine Lichterprozession und anschließend wurde man mit der Gnadenstatue gesegnet. In Jahr 2020 war die Feier, die sonst zwei bis drei Stunden dauerte, nach 40 Minuten beendet – ohne Prozession und ohne Segnung mit der Gnadenstatue.

Viele fragten sich: *„Was sprach gegen die Prozession, was gegen die Segnung?"* Es gab keinen medizinischen Grund, der – bei entsprechender Sorgfalt – Prozession und Segnung nicht erlauben hätte können. Wir haben doch nicht die Pest! Und was hat die Kirche in der Pestzeit gemacht? Richtig! Es wurde gebetet, viel gebetet und es gab Prozessionen – ohne Abstandsregeln und Mundschutz – aber mit dem Rosenkranz in der Hand!

Und Advent 2020 – ohne Weihnachtsmärkte, ohne Weihnachtsfeiern, ohne Adventkonzerte, ohne Herbergsuchen. War es ein Anstoß, daran zu denken, wie es Josef und Maria erging, als man sie wie *„Corona-Aussätzige"* behandelte?

Kurz vor Weihnachten 2020 hat die EU-Kommission in einem Schreiben[7] alle EU-Mitgliedstaaten aufgefordert, während der Weihnachtszeit keine Zeremonien mit mehreren Menschen durchzuführen. Klartext: Damit sollten alle Weihnachtsgottesdienste online gefeiert werden. In einigen deutschen Diözesen ist das auch geschehen.

Die Drangsal hat begonnen

Was hat also begonnen? Ich meine: Die Drangsal hat begonnen!!! Sie hat wirklich mit der *„Vollbremsung"* begonnen. Es gibt kein Zurück mehr. Wir müssen uns bemühen, die kommenden Jahre gut zu überstehen. Vielleicht werden diese Jahre abgekürzt. Es wäre schön. Aber ich befürchte, dass wir auf den von Don Bosco prophezeiten *„Regenbogen des Friedens"* in einem Blütenmonat mit zwei Vollmonden warten müssen. Dies wird das nächste Mal erst im Mai 2026 der Fall sein.

Es wird einige schwierige Jahre geben, bis wir den Regenbogen des Friedens sehen werden. Die Hoffnung auf das glorreiche Ende kann uns jedoch die kommenden Ereignisse, die schlimmer als Corona sein werden, leichter ertragen lassen.

---

[7] COM(2020) 786 final, Brussels, 2.12.2020.

Im letzten Buch – „*Bruder Jona – was nun?*"[8] habe ich den orthodoxen Heiligen Paisios zitiert, der einen Krieg zwischen Türkei und Griechenland prophezeite. Das Säbelrasseln dazu erleben wir in diesen Tagen. Nach Paisios gehe es um die sechs- oder zwölfmeilen-Grenze.[9] Er schreibt, das Russland in diesen Konflikt eingreifen und die Türkei besiegt werde. Wenn im Anschluss an diesen Sieg Russland auch Israel bedroht, sei dies der Auftakt zum dritten Weltkrieg. Die Parallele finden wir im Jahr 1939, als Hitler am 1.9.1939 Polen überfallen hat. Damit begann der 2. Weltkrieg und er dauerte 6 Jahre bis 1945. Der „*Überfall*" durch Corona begann 2020 und der Friede kommt wahrscheinlich 2026. Das wären auch sechs Jahre.

Es gibt auch heute viele Propheten. Deren Echtheit wird man aber erst später feststellen können. Einer von ihnen, Pedro Regis, schrieb am 12.9.2020: „*Lange Jahre harter Prüfungen liegen vor euch. Ihr werdet eures Glaubens und wegen eurer Liebe zur Wahrheit willen verfolgt werden. Aber habt keine Angst. Ihr seid nicht alleine!*"

Immer wieder habe ich mich gegen die „*langen Jahre*" gewehrt, aber wir sind offenbar in diese „*langen Jahre*" der Prüfung eingetreten. Es werden Jahre sein, die nicht nur von Corona beherrscht werden; es kommt jetzt vieles auf uns zu. Wir werden leiden durch die Politik, die Natur und die Kirche! Ja, es hat begonnen!

In Trevignano Romano hat die Muttergottes bei einer Erscheinung am 12.12.2020 gesagt: „*Meine Kinder, lasst euch nicht ablenken und betet, denn der Krieg zwischen Gut und Böse ist bereits im Gang … Von nun an wird es eine Folge von Ereignissen geben! Bekehrt euch dringend! Die Zeit ist um!*"

---

8 Bruder Jona, „Bruder Jona, was nun?", Seite 11-13, Mediatrix, 2019.
9 Am 22. Oktober hat die russische Botschaft in Athen geschrieben, dass alle Staaten das souveräne Recht auf Hoheitsgewässer bis zu 12 Seemeilen haben. Dies gelte auch für das Mittelmeer.

Was sagt Jona über Corona?

Was ist Corona?

Corona ist in jeder Hinsicht ein *„Heißes Eisen"*! Die Herkunft des Virus ist sehr geheimnisvoll. Es käme vom Fischmarkt in Wuhan, von Fledermäusen oder es sei – bewusst oder unbewusst – aus einem Labor von Wuhan in die Welt gesetzt worden.

Bis heute kann niemand eine exakte Antwort geben. So werden natürlich auch zufällige Begleitumstände unterschiedlich beurteilt. Unbestritten ist, dass das Virus SARS-CoV-2 erstmals im Dezember 2019 in Wuhan entdeckt wurde. Die Übertragung erfolgt durch Tröpfchen- oder Aerosolinfektion von Mensch zu Mensch. Die Krankheit kann symptomlos verlaufen, aber auch durch schwere Schädigung der Lunge zum Tod führen.

80% der Infektionen verlaufen eher mild mit Husten und Fieber. Oft ist der Geruchs- und Geschmackssinn beeinträchtigt. Dazu kommen Gliederschmerzen und Müdigkeit wie bei einer normalen Grippe. Besonders gefährdet sind ältere Personen und Personen mit Vorerkrankungen. Die WHO hat am 11. März 2020 die Krankheit zur Pandemie erklärt.

Prophetische Vorausschau?

Für Oktober 2019 wurde ein ausgewählter Teilnehmerkreis zu einem *„Event 201"* in New York eingeladen. Eingeladen haben das John Hopkins Center zusammen mit dem WEF[10] und der Bill-Gates-Stiftung

Das *„Event 201"* war ein Tages-Planspiel, das eine Pandemie so realistisch wie möglich simulieren sollte. Interessanterweise hat man bei diesem Spiel angenommen, dass ein Virus von einem Tier auf einen Menschen übertragen wird. Es sei ein Corona-Virus,

---

[10] WEF: Abkürzung für „World Economic Forum" bzw, Weltwirtschaftsforum.

das gefährliche Lungenentzündungen entwickeln könne.

So wurden alle Schritte durchgespielt – vom Auftreten des Virus über die Reaktion von Presse, Politik, Wirtschaft, Reiseverkehr ... bis zum Einsatz eines Impfstoffes, der die Pandemie beenden würde.

Es ist schon eigenartig, dass nach gut einem Monat aus dem Spiel Ernst wurde und die im *„Spiel"* ausgearbeiteten Schritte in der Realität angewendet werden konnten bzw. mussten.

Beklemmung bekomme ich bei dem Gedanken, dass Bill Gates und das WEF zu dieser Simulation eingeladen haben – aber davon später.

Gefährlichkeit des Virus

Die Gefährlichkeit des Virus wird vollkommen unterschiedlich beurteilt. Viele Staaten haben – basierend auf Epidemie- oder Notstands-Gesetzen – einen *„Lockdown"* beschlossen. Man müsse das Virus in den Griff bekommen, denn sonst würden die Spitäler und Intensivstationen restlos überfordert werden.

Am Anfang hat kaum jemand gegen diese Maßnahmen protestiert. In vielen Staaten, wie in Deutschland und Österreich, hielt man die Intensivbetten für die Corona-Patienten bereit und verschob viele Operationen. Aber ... die Intensivstationen waren während der *„ersten Welle"* spärlich belegt. Die Krankheit war offenbar wesentlich weniger gefährlich als ursprünglich angenommen.

In Österreich starben z.B. von März bis September 2020 – also in einem halben Jahr – etwa 750 Personen, die positiv getestet worden waren. Es starben aber nicht alle positiv Getesteten *„an"* Covid-19 als Todesursache. Viele positiv Getestete starben an anderen Krankheiten, Krebs, Herzinfarkt... Sie starben also *„mit"* Corona. Die Zahl der echten Covid-Toten war daher geringer.

Anfang Oktober 2020 hat sogar die WHO[11] eine Studie des Stanford-Professors Ioannides erwähnt, nach der die Grippe tödlicher sei, als Corona. Dies hat aber nicht dazu geführt, dass die Corona-Maßnahmen zurückgenommen wurden.[12]

Auffallend ist, dass medial immer Zahlen genannt werden, die schockieren sollen. Was aber bedeuten 750 Covid-Tote in Österreich in einem halben Jahr? Vergleichen wir diese Zahl mit den statistischen Gesamt-Todeszahlen für denselben Zeitraum. Das sind im Schnitt 50.000 Tote in einem halben Jahr! Die 750 Covid-Toten machen daher nur 1,5 Prozent aller Sterbefälle aus!

Ähnlich ist es in Deutschland. Und deshalb darf man fragen: War der *„Lockdown"* tatsächlich erforderlich, musste wirklich alles stillstehen?

Ist es nicht verwunderlich, dass mitten in dieser Pandemie sogar Beerdigungsinstitute infolge niedriger Todeszahlen Kurzarbeit anmelden mussten wie in Fryet bei Frankfurt oder in Wolfurt in Vorarlberg? Einer meiner Verwandten leitet ein Beerdigungsinstitut. Seine Aussage war: *„Ich habe heuer weniger Sterbefälle als in anderen Jahren; das sagen auch meine Berufskollegen."*

Es gab bis Oktober 2020 offensichtlich mehr Sterbefälle von Personen, die dringend eine Operation benötigt hätten, als es Covid-Tote gibt. Auch viele andere medizinische Eingriffe wurden nicht durchgeführt, mit dem kuriosen Ergebnis, dass Spitäler finanzielle Probleme bekamen; wichtige therapeutische Behandlungen, Reha und Kuren abgesagt oder verschoben wurden.

Ich bin selbst davon betroffen, da während des ersten *„Lockdowns"* in Österreich viele Therapien auf spätere Zeit verschoben wurden. So konnte meine Makula-Degeneration drei Monate nicht

---

[11] WHO bedeutet: World Health Organisation (Weltgesundheitsorganisation).

[12] Während einer Sondersitzung des Exekutivrats am 5. Oktober machte die Führungsspitze der WHO diese Ankündigung.　In der Veröffentlichung: Bulletin der Weltgesundheitsorganisation; Art: Research Artikel-ID: BLT.20.265892 Seite 8 von 37 wird gesagt, dass die Durchschnittliche Infektionsrate wesentlich niedriger sei, als die in meiner Analyse beobachteten 0,23%.

behandelt werden – mit dem Effekt – dass ich nun eine erhebliche, wahrscheinlich nicht behebbare, Sehverschlechterung in Kauf nehmen muss.

Es gibt sogar Berechnungen, dass durch die Covid-Maßnahmen die Lebenserwartung der Bevölkerung insgesamt um ein bis zwei Jahre abnehmen wird. Das wären, wenn wir bei den Zahlen bleiben und die Reduktion der Lebenserwartung auf Todesfälle umrechnen, weltweit etwa 10 bis 20 Millionen Todesfälle. Das steht in keinem Verhältnis zu den Covid-Todesfällen.

Erhöhung der Sterblichkeit ab Oktober 2020

In Österreich nahmen die Sterbefälle im Spätherbst 2020 wesentlich zu. Viele vermuteten den Grund in der wieder zugenommenen Mobilität. Und so gab es in Österreich einen zweiten „Lockdown" Anfang Herbst, dem nach Weihnachten 2020 ein dritter „Lockdown" folgte. In Deutschland soll der neue „Lockdown" voraussichtlich bis Ostern 2021 verlängert werden.

Das Festhalten an „Lockdowns" ist vollkommen unverständlich, wenn man eine neue Studie der Standford-Universität liest. Danach haben sich die Infektionszahlen bei Staaten, die moderate Sicherheitsvorkehrungen empfohlen haben, von Staaten mit „Lockdowns" nicht wesentlich unterschieden: in Frankreich und Spanien – mit strengen Vorschriften – waren sie sogar höher.

Im Landtag von Baden Württemberg hat im Jänner 2021 der fraktionslose Arzt Dr. Heinrich Fiechtner mit großer Emotion das Wort ergriffen und eine Ungereimtheit von Prof. Dr. Uwe Jensens angesprochen. Er sagte, Dr. Jensens hätte die Corona-Maßnahmen mit der Knappheit der Intensivbetten begründet. Daraufhin rief Dr. Fiechtner den diensthabenden Arzt in der Klinik von Dr. Jensens an und bekam zur Antwort, dass von den vorhandenen 19 „Intensivbetten" kein einziges mit einem Corona-Patienten belegt sei.

Lagerbildung

Bei einer gefährlichen Pandemie denkt man zuerst daran, dass alle Wissenschaftler eines Landes zusammenkommen müssten, um einen Plan zur Bekämpfung der Seuche auszuarbeiten. Das ist aber bei dieser Pandemie nicht der Fall gewesen. Viele Fachleute wurden einfach übergangen und die Politik hat das Kommando übernommen.

Nun ist kaum jemand bereit, eine sachliche Diskussion zu führen – sowohl im privaten Bereich als auch in der Öffentlichkeit. Wie sonst ist es möglich, dass der hervorragende Virologe von Weltruf – Dr. Bhakdi[13] – von öffentlichen Medien bisher nicht eingeladen wurde, der Direktor der Berliner Charité und Virologe Dr. Christian Drosten, der die deutsche Regierung berät, aber ständig in den Medien präsent ist?

Was soll ich sagen? Für mich wirft die ganze Pandemie Fragen auf. Sie hat auf jeden Fall einen Spalt in die Gesellschaft gerissen und die Wirtschaft, die Kirchen und das soziale Leben schwer und nachhaltig beschädigt.

Man blickt auf die Covid-Toten, die es in der befürchteten Zahl – zumindest bis Oktober 2020 – nicht gab und ignoriert die ungeheure Zahl von Firmenpleiten, Arbeitslosen, psychisch Kranken...

Was macht ein bisher gut bezahlter Pilot, der jetzt arbeitslos ist, aber Kredite zu bedienen hat? Was macht der Hotelier ohne Gäste? Was machen die jungen Menschen nach abgeschlossener Ausbildung, ohne Job?

Das Virus hat durch die Überreaktion der Politik einen Jahrhundert-Schaden verursacht, der in seiner Tragweite noch gar nicht absehbar ist. Dr. David Nabarro[14] von der WHO appellierte im Oktober 2020 an die Staats- und Regierungschefs weltweit, die

---

[13] Dr. Karin Reiss, Dr. Sucharit Bhakdi, CORONA Fehlalarm?, Goldegg, 2020.
[14] Dr. David Nabarro ist Sonderbeauftragter der WHO für Covid-19.

„Lockdowns" nicht mehr als Bekämpfungsmethode gegen das Corona Virus einzusetzen. Er sagte, das Einzige, was durch den „Lockdown" erreicht worden sei, sei Armut. Und der Umfang dieser Armut wird erst in den nächsten Jahren in seiner vollen Dimension sichtbar werden.

Ich habe durch das Erwähnen der gerade zitierten Tatsachen Zustimmung und Ablehnung erhalten. Es ist unglaublich, aber Corona spaltet die Menschen in zwei Lager. Das größere Lager der Menschen wird von der Angst geprägt. Deshalb sind die meisten Menschen mit den einschneidenden Maßnahmen (noch) einverstanden.

Ein kritischer Beobachter unserer Zeit[15] sagt: *„Man kann als jemand, der Corona hinterfragt (nicht leugnet) mit keinem ‚Mainstream-Anhänger' sprechen. Und wenn man auf das Wetter ausweicht, dann streitet man über die ‚Klimakrise'. Scheinbar sind die Meinungen einzementiert."*

Eine Sammelklage

Der Deutsch-Amerikanische Rechtsanwalt Dr. Reiner Fuellmich hat zusammen mit hochkarätigen Rechtsanwälten eine Sammelklage gegen das angeblich betrügerische Vorgehen von Prof. Christian Drosten eingebracht. Kernaussage: Ohne den nicht validierten PCR-Test gäbe es keine Pandemie![16] Man misst ja die Pandemie an den positiv Getesteten und nicht an den tatsächlich Kranken!

Es ist unvorstellbar, was passiert, wenn sich diese Klage als gerechtfertigt herausstellte. Acht Milliarden Menschen wären mindestens ein Jahr lang betrogen worden. Es hätte keinen *„Lockdown"* gebraucht...

---

[15] Es ist Peter Denk mit der Plattform DENKanstoss. Ich erwähne ihn später nochmals.
[16] Im April 2009 hat die WHO die Definition der Pandemie abgeschwächt und die Passage, in der eine „beträchtliche Zahl von Toten" vorausgesetzt wird, einfach weggelassen.

Natürlich fallen einem da die Worte Irlmaiers ein, der gesagt hat: *„Wenn die ganze Lumperei aufkommt, steht das Volk auf mit den Soldaten. Dann wird jeder, der ein Amt hat, an der nächsten Laterne oder gleich am Fensterkreuz aufgehängt.“*[17]

Was kann Irlmaier gemeint haben? Steht seine Aussage mit Corona im Zusammenhang? Werden wir wirklich hinten und vorne betrogen und belogen?[18] Das kann leicht sein und weist darauf hin, dass doch der Plan der Schaffung einer Weltregierung – sollte er wirklich bestehen – jetzt (noch) nicht realisiert werden kann.

Dazu passt ein Versehen bei einer *„Corona-Show“* in Canada. Vor dem Beginn der Übertragung war die Kamera schon eigeschaltet. Die Oberärztin Dr. Barbara Yaffe ordnete ihren Papierkram und sagte dabei zu ihrem Kollegen Dr. David Williams: *„Ich weiß nicht, warum ich all diese Dokumente mitbringe. Ich sehe sie mir ja nie an. Ich sage einfach, was sie wollen.“* Die Oberärztin sagte einfach, *„was sie (wer immer das ist) wollten“*! Offenbar war das aber nicht ihre persönliche Meinung!

Corona ist noch nicht zu Ende

In Österreich traten Ende Dezember und in Deutschland Mitte Dezember 2020 wieder schärfere Corona-Maßnahmen in Kraft. In den Kirchen mussten nun ständig die Maske getragen werden – während des gesamten Gottesdienstes. Und dies, obwohl zusätzlich der Abstand von eineinhalb Metern zum Nächsten eingehalten werden sollte. Es gab sogar Ausgangssperren rund um die Uhr.

Damit Sie mich nicht falsch verstehen. Wenn ich auch einige Corona-Maßnahmen kritisch hinterfrage, so möchte ich damit Corona nicht verharmlosen. Bekannte haben mir von vielen

---

[17] Wie weit Irlmaier den Text des Feldpostbriefes von Andreas Rill übernommen hat, weiß ich nicht. Diesen Feldpostbrief erwähne ich später.

[18] Ist es nicht interessant, dass in Deutschland vom Obersten Gerichtshof bisher 60 Covid-Entscheidungen aufgehoben wurden. Sie standen nicht im Einklang mit dem Grundgesetz.

schwer erkrankten Personen erzählt. Bei einem Treffen mit sehr vertrauten Freunden trugen diese Masken und hielten den Sicherheitsabstand ein. Sie hatten Angst, mich eventuell anzustecken, weil sie mit vielen Menschen Kontakt haben und ich damals nach negativem PCR-Test sicher nicht infiziert war. Und sie wussten um die Tücke dieser Krankheit Bescheid, denn deren Tochter und Schwiegersohn hatten Corona schon durchgestanden.

Aber: Es gibt auch viele andere Erfahrungen. Ende Oktober ist ein mir bekannter Priester, der nach einer schweren Gehirnoperation am Weg der Besserung war, spazieren gegangen und dabei gestürzt. Es hat ihn jemand – ohne das Pfarrbüro zu verständigen – ins Spital gebracht. Am Abend hieß es, er sei an Corona verstorben. Die Pfarrhaushälterin war total verstört, denn der Priester hatte keinerlei *„Corona-Symptome".*

Und bei derartigen Vorfällen beginnt man nachdenklich zu werden. Warum wurde als Todesursache so vieler Menschen Corona angegeben, obwohl diese an Herzinfarkt, Gehirnschlag oder Altersschwäche starben? Warum gibt es in der Corona-Zeit weniger Tote durch Herzinfarkt, Krebs oder Grippe? Das RKI[19] hat ohne Begründung festgelegt, dass jeder Tote, bei dem ein Monat vor seinem Tod ein positiver PCR[20]-Test durchgeführt wurde, als *„Corona-Toter"* gezählt werden soll, auch wenn er durch einen Autounfall umkommt oder sich das Leben nimmt.

Die Politik hat festgelegt: Wenn es bei 100.000 Menschen mehr als 50 positive PCR-Testergebnisse gibt, dann werden die Corona-Ampeln auf Rot geschaltet. Bei einer Testgenauigkeit von 99,9% sind das bei 100.000 Tests schon 100 falsche Ergebnisse.

---

[19] RKI bedeutet: Robert-Koch-Institut. Dieses Institut ist die zentrale Einrichtung der Bundesregierung Deutschlands auf dem Gebiet der Krankheitsüberwachung und –Prävention.

[20] PCR bedeutet: Polymerase-Ketten-Reaktion. Der PCR-Test weist nach, dass ein Baustein des Corona-Virus vorliegt. PCR-positiv heißt aber nicht unbedingt, dass jemand infektiös ist und vermehrungsfähige Viren in sich trägt. Der Test ist nicht zur Diagnose geeignet.

Ich möchte jetzt nicht über Sinn oder Unsinn dieser Grenzwerte diskutieren. Aber die Folgen, die Konsequenzen, treffen uns alle. So können die Christen praktisch seit dem 15. März 2020 kein gewohntes Glaubensleben mehr führen. In Frankreich mussten per Verordnung eine Zeit lang sogar alle Kirchen geschlossen sein!

Im Dezember 2020 erlebte auch Deutschland den zweiten *„Lockdown"*. Und Angela Merkl beschwor die Menschen eindringlich, sie mögen bei den Weihnachtsfeiern zurückhaltend sein. Sinngemäß sagte sie: *„Wenn die Enkel mit Oma und Opa zusammen sind, könnte das das letzte Weihnachtsfest für die Großeltern gewesen sein!"* Merkel sagt damit verschlüsselt: *„Ihr könntet die Mörder eurer Großeltern werden."* Was richtet diese Aussage in den Kinderherzen an?

Und der bayerische Ministerpräsident Söder warnte vor dem Weihnachtsfest 2020 davor, dass der *„Lockdown"* länger als bis zum 10. Jänner 2021 dauern könnte, wenn sich die *„Fallzahlen"* nicht rapide verbessern.

Impfung als Lösung?

Im *„Event 201-Planspiel"* wurde die Pandemie durch eine Impfung beendet. Politiker und Medien beschwören die Bevölkerung, sich möglichst bald impfen zu lassen. Da drängt sich doch die Frage auf, warum weder Medien noch Politiker nach alternativen Heilmitteln suchen. Warum gibt es keine breite Aufklärung darüber, wie man in der Corona-Zeit seine eigene Immunkraft stärken kann? Dies ist umso bedauerlicher, da ja das Tragen der Masken und der *„Lockdown"* das Immunsystem schwächen. Ende Jänner wurde in Österreich die Maskenpflicht sogar verschärft und man muss nun in allen Geschäften, Verkehrsmitteln... die so genannten FFP2-Masken tragen.

Dass man hier grob fahrlässig die Gesundheit der ganzen Bevölkerung aufs Spiel setzt, wird durch folgende Bestimmung erhärtet:

Die FFP2-Maske fällt laut Bestimmung der *„Deutschen Gesetzlichen Unfall Versicherung"* unter die Atemschutzgeräte. Vor erstmaliger Benutzung dieser Masken ist eine medizinische Erstuntersuchung erforderlich. Nach der *„PSA - Benutzungsverordnung"* (PSA-BV) in Verbindung mit § 31-Unfallverhütungsvorschrift *„Grundsätze der Prävention"* (BGV/GUV-V A1) haben vor der ersten Benutzung eine *„Erstunterweisung"* und danach wiederholt nach Bedarf *„Wiederholungsunterweisungen"*, mindestens jedoch einmal jährlich, eine *„theoretische Unterweisung und praktische Übungen"* zu erfolgen.

Die FFP2-Maske ist also nicht etwas wie Schutzhandschuhe zum Autowaschen. Sie ist ein *„Atemschutzgerät"*! Deshalb wohl steht bei der in Österreich vertriebenen *„FFP2 Partikelmaske"* (KSR Group GmbH, Gedersdorf) bei den angeführten Sicherheitsbestimmungen im ersten Punkt: *„Nichteinhalten der Sicherheitshinweise oder Beachten der richtigen Passform kann zu Gesundheitsschäden oder Tod führen."*

Naja, und nun wurden alle Österreicher, die älter als 14 Jahre sind, ab 25. Jänner 2021 zum Tragen dieser Maske in Geschäften, Verkehrsmitteln... verpflichtet.

Und all dies geschieht vor unseren Augen, obwohl das Europäische Zentrum für Prävention und Kontrolle von Krankheiten (ECDC) mitteilte: *„Der erwartete Mehrwert des allgemeinen Einsatzes von FFP2-Masken in der Gesellschaft ist sehr gering"*.

Warum wird das von den Medien nicht aufgegriffen? Sind die Medien mit der Politik so gleichgeschaltet? Es ist traurig, aber viele Medien werden vom Staat oder von Lobbyisten subventioniert und sind daher in ihrer Berichterstattung nicht mehr frei. Es wird höchstens noch ein kritischer Leserbrief veröffentlicht.

Ein Beispiel: Der angeblich zweitreichste Mann der Welt – Bill Gates – sponsert die Weltgesundheitsorganisatin, das Robert-Koch-Institut, die Berliner Charité, Pharmaindustrien und viele Verlage, wie *„Die Zeit"*, den *„Spiegel"*... Dieser Mann mit großer finanzieller Macht sagte am Ostersonntag im Ersten Deutschen Fernsehen in den Tagesthemen, dass er weltweit 8 Milliarden Menschen impfen will. Also alle Menschen! Man hat für sein Projekt sogar gesammelt. Von Präventivmaßnahmen, Stärkung des Immunsystems und anderem spricht er nicht. Auch nicht davon, dass er durch die Impfungen weiteres Geld verdienen wird.

Interessant ist auch, dass im bayerischen Haushaltsgesetz für 2019/20 ein Betrag von 10 Milliarden Euro für eine Corona-Pandemie vorgesehen wurde; es heißt genau: Sonderfonds – Corona-Pandemie. Dieses Gesetz hat der bayerische Ministerpräsident Dr. Markus Söder am 24.5.2019 unterzeichnet! Fast ein Jahr vor dem Auftreten der Pandemie. Eigenartig?

Jahrzehntelang gibt es Aids und noch immer kennt man keinen Impfstoff. Jetzt soll das bei Covid-19 bis Ende 2020/Anfang 2021 möglich sein? Und das mit einem Impfstoff, der in die Gene eingreift und der als *„Ausgangsstoff"* meist Teile von abgetriebenen Kindern verwendet?

Bischof Athanasius Schneider sagte dazu: *„Sollte es eine globale Impfpflicht gegen das Corona-Virus geben, bei welcher ein Impfstoff verwendet wird, der aus Zelllinien abgetriebener Babys gewonnen wird, dann wäre das der Eintritt in das Zeitalter der Apokalypse."*

Wenn im Beipackzettel des Impfstoffes die Kurz-Bezeichnung *„MRC-5"* steht, dann heißt dies, dass der Impfstoff auf einem Rekombinant des Lungengewebes eines 14 Wochen alten abgetriebenen kaukasischen männlichen Fötus beruht. Wenn manche Christen aus diesem Grund die Impfung ablehnen, dann dürfen sie dadurch keine Nachteile erfahren.

Dazu kommt, dass der Impfstoff in die menschlichen Gene eingreift und es keinerlei Erfahrung gibt, welche Veränderungen dies in den nächsten Generationen hervorrufen wird. Die Impfstoffhersteller haben sich dafür aber juristisch abgesichert, indem sie keinerlei Haftungen für mögliche Impfschäden übernehmen. Die Staaten und die Krankenkassen übrigens auch nicht.

In dem Impfstoff von Moderna ist auch der Bestandteil Luziferin enthalten, der in 66,6 ml Phosphatpufferlösung aufgelöst wird. Schon der Zahlenwert 66,6 lässt aufhorchen und an die Hl. Schrift denken. Dieses Luziferin kann die Plazenta der Frau gefährden, so dass sie unfruchtbar wird.

Etwas Ähnliches gab es ja schon: Bei einer durch die WHO, zusammen mit UNICEF[21], durchgeführten Impfaktion in Kenia, die von Bill Gates gesponsert wurde, hat man Mädchen (nur Mädchen) gegen Tetanus geimpft. Im Impfstoff war allerdings ein Mittel (Beta-HCG)[22] beigefügt, das die Mädchen unfruchtbar machte. Die Keniatische Bischofskonferenz hat dieser Aktion ein Ende gesetzt.

Will Bill Gates die Weltbevölkerung vielleicht durch die Impfung nicht retten, sondern dezimieren? Diese Befürchtung haben namhafte Wissenschaftler veröffentlicht, was jedoch sofort als Gerücht und irreführende Behauptung zurückgewiesen wurde.

Ich selbst aber habe aus seinem Mund gehört, dass man bei *„richtiger Impfung"* die Weltbevölkerung leicht um 10% bis 15% reduzieren könnte. Reduzieren? Ja, Sie haben richtig gelesen.

Ich möchte auch die Sorge von Dr. Hauke Fürstenwerth hier wiedergeben. Er sagt: *„Insbesondere geht es bei dem Impfstoff auch um Risiken für die weibliche Fruchtbarkeit, weil das Spike-Protein des SARS-CoV-2 Virus in Teilen eine hohe Ähnlichkeit zu*

---

[21] UNICEF bedeutet: United Nations International Children's Emergency Fund (Kinderhilfswerk der Vereinten Nationen).

[22] (Humanes Choriongonadotropin).

einem Peptid aufweist, welches zur Bildung einer Plazenta von zentraler Bedeutung ist. Der Impfstoff soll Antikörper gegen das Spike-Protein des Virus erzeugen. Daher muss aktiv ausgeschlossen werden, dass Antikörper auch gegen jenes Peptid gebildet werden, welches die Bildung der Plazenta ermöglicht, und welches einer Sequenz des Spike Proteins sehr nah verwandt ist."

Die britische Regierung hat am 8.2.2021 einen Bericht über Nebenwirkungen von Corona-Impfstoffen veröffentlicht. Von den 5,9 Millionen erstmals Geimpften gab es 70.501 unerwünschte Reaktionen. 107 Personen starben. 634 erkrankten am Auge, 5 erblindeten, 21 erlitten einen Schlaganfall und 69 bekamen eine Bell'sche Gesichtslähmung. [23]

Eine sehr gute, äußerst wichtige Meldung zum Schluss. Niemand muss sich impfen lassen! Ein Impfzwang ist rechtswidrig. Dies hat der Europarat[24] am 27.01.2021 in einer Resolution[25] beschlossen. Die entsprechenden Texte lauten: Die im Europarat vertretenden Staaten müssen...

- *„sicherstellen, dass die Bürger darüber informiert werden, dass die Impfung NICHT verpflichtend ist und dass niemand politisch, sozial oder anderweitig unter Druck gesetzt wird, sich impfen zu lassen, wenn er dies nicht selbst möchte;"*
- *„sicherstellen, dass niemand diskriminiert wird, weil er nicht geimpft wurde, weil er möglicherweise gesundheitliche Risiken hat oder sich nicht impfen lassen möchte;"*

---

[23] Quelle: https://principia-scientific.com/uk-government-releases-shocking-report-on-covid-vaccine-side-effects/

[24] Dem Europarat (nicht zu verwechseln mit der EU), gehören mit Ausnahme von Weißrussland, Kosovo und dem Vatikan alle europäischen Staaten an. Er ist Träger des Europäischen Gerichtshofes für Menschenrechte!

[25] Die Punkte 7.3.1. und 7.3.2. der Resolution 2361/2021 vom 27.1.2021 enthalten die angeführten Texte zum Impfzwang.

Die 47 Mitgliedsstaaten werden außerdem aufgefordert, vor der Impfung auf obige Punkte hinzuweisen. Die Staaten und Hersteller von Impfstoffen werden im Punkt 7.1 auf die Qualitätssicherungsanforderungen hingewiesen. Ein Auszug daraus:

- Hochwertige Studien bei der Impfstoffentwicklung.
- Mindeststandards für Sicherheit, Wirksamkeit und Qualität von Impfstoffen.
- Wirksame Systeme zur Überwachung der Impfstoffe auch im Hinblick auf ihrer Langzeitwirkungen.
- Unabhängige Impfstoff-Entschädigungsprogramme.
- Besonderes Augenmerk ist zu richten auf mögliche Insidergeschäfte von Führungskräften in der Pharmaindustrie oder auf Pharmaunternehmen, die sich auf Kosten der Allgemeinheit unangemessen bereichern.

Mit dieser Resolution hat nun die wichtigste menschenrechtliche Organisation in Europa Standards und Verpflichtungen gesetzt, sowie völkerrechtliche Leitlinien geschaffen, die von den 47 Mitgliedsstaaten, auch der EU als Organisation, anzuwenden sind.

Diskriminierung am Arbeitsplatz oder Verbot von Reisen für Nichtgeimpfte sind damit rechtlich ausgeschlossen. In jedem Gerichtsverfahren, gegenüber jeder Behörde, jedem Arbeitgeber, jedem Reiseanbieter ... kann man sich nun darauf berufen.

Impfung mit einem „Chip"?

Wie viele Corona-Wellen wird es vor einer Impfung noch geben? Wie viele Menschen werden an Einsamkeit verzweifeln und wie viele Menschen werden an den Folgen der Impfung sterben?

Die große Frage ist, wird man gegen ein Virus geimpft oder steckt etwas Anderes dahinter? Es gibt Stimmen, die meinen, dass man mit der Impfung auch einen „*Chip*" erhält. Dieser Chip soll dazu dienen, dass bei einer Infektion eines Menschen sofort alle mit ihm in Kontakt gestandenen Personen identifiziert werden können. Man nennt das „*Contact Tracing*". Man erfasst also alle „*Kontaktspuren*", kann die kontaktierten Personen (die ja auch einen Chip haben), ausforschen und in Quarantäne schicken. Ist das nicht toll? Oder?

Kann dieser Chip vielleicht mehr und ist jemand daran interessiert, mich damit möglicherweise zu überwachen oder gar zu manipulieren? Ist damit der Antichrist – oder einer seiner Vorläufer – am Werk?

Ich nehme an, dass jeder, der diese Zeilen liest, auch die „*Geheime Offenbarung*" des hl. Johannes kennt. Die „*Geheime Offenbarung*" oder Apokalypse ist das letzte Buch des Neuen Testamentes. Johannes beschreibt darin eine kommende Zeit, in der man nur kaufen und verkaufen kann, wenn man das Zeichen des Tieres auf seiner Stirn oder auf der rechten Hand trägt.[26] Dies ist nach Johannes ein Zahlencode: 666 = Sechshundertsechsundsechzig. Ich komme darauf noch zurück.

Ein Zeichen auf der Stirn oder auf der Hand ist aber kein „*Chip*"! Deshalb glaube ich nicht, dass der Antichrist jetzt kommen wird, sondern erst nach der neuen Friedenszeit, wie es auch in La Salette oder bei Anna Maria Taigi heißt. Die Vorläufer, die wir jetzt erleben, sind aber schlimm genug! Ich habe bewusst die Mehrzahl gewählt, da man derzeit nicht eine Person alleine als Vorläufer des Antichrists benennen kann.

In der „*Geheimen Offenbarung*" ist nicht von einem „*Chip*" die Rede, sondern, wie schon beschrieben, von einem Zeichen an Hand oder Stirn. Der hl. Johannes schreibt: „*Die Kleinen und die Großen, die Reichen und die Armen, die Freien und die Sklaven,*

---

[26] Offenbarung 13,8.

alle zwang es, auf ihrer rechten Hand oder ihrer Stirn ein Kenn-
zeichen anbringen zu lassen. Kaufen oder verkaufen konnte nur,
wer das Kennzeichen trug: den Namen des Tieres oder die Zahl
seines Namens. Hier ist die Weisheit. Wer Verstand hat, berechne
den Zahlenwert des Tieres. Denn es ist die Zahl eines Menschen-
namens; seine Zahl ist sechshundertsechsundsechzig (Offb
13,16-18)."

Nach der heutigen Technologie wäre dies schon möglich. Man
kann einen Strichcode durch Laser einem Baby in den Stirn- oder
Handknochen brennen. Diesen Code sieht man äußerlich nicht,
die Haut weist keine sichtbare Verletzung auf. Man kann dann diesen Code mit Infrarot-Geräten lesen. Vorteil: Man sieht und spürt
nichts. Der Code ersetzt alles: Pass, Führerschein, Bankomat-
karte... Das aber ist jetzt nicht im Gespräch. Was wir erleben,
scheint mir ein Vorgeplänkel des Antichrists[27] zu sein, dessen Vorläufer schon Stalin, Hitler, Mao ... waren.

In Österreich war offenbar Anfang 2021 ein *„Kennzeichnungs-*
Probelauf" geplant. Für die Zeit vom 26.12.2020 bis zum
18.1.2021 wurde der dritten *„Lockdown"* ausgerufen. Nach dieser Zeit wäre es nur jenen Personen erlaubt gewesen, einzukau-
fen, wenn sie ein negatives Testergebnis hätten vorweisen können. Man hätte also nach einem harten *„Lockdown"* zusätzlich
eine negative *„Testbestätigung",* die man *„Freitesten"* nannte, benötigt.

Die dazu erforderliche Änderung des Infektionsgesetzes wurde
vom 1.1. bis 3.1.2021, 12.00 Uhr in Begutachtung gegeben –
wohl in der Hoffnung, dass sich in dieser kurzen Zeit niemand damit beschäftigen werde. Aber, die Server des Ministeriums konnten den Ansturm an Einwänden nicht mehr bewältigen und das
Gesetz musste abgeändert werden.

---

[27] „Wer ist der Lügner, wenn nicht der, der leugnet, dass Jesus der Christus ist? Das ist der Antichrist, der den Vater und den Sohn leugnet" (1 Joh 2,22).

Wird man in einigen Wochen oder Monaten einen Corona-Impfpass benötigen um arbeiten, reisen, einkaufen... zu können? Vielleicht darf man dann ohne Impfpass (oder Chip) auch keine öffentlichen Veranstaltungen besuchen – das bedeutet aber ein Kirchen-Verbot für Menschen ohne Impfpass! Und auch Priester, die sich nicht impfen lassen, dürften in der Kirche nicht mehr zelebrieren! Dann könnte man vielleicht sagen: Die Epidemie ist vorbei – aber nur für Geimpfte.

Erschüttert hat mich auch die Meldung, dass der Impfstoff-Hersteller Curevac den Europaabgeordneten zwar Einblick in die 60 Seiten starken Verträge mit der EU-Spitze gewährt hat. Handschriftliche Notizen waren erlaubt, jedoch keine Fotos. Wichtige Passagen des Vertrages waren *„geschwärzt"* und konnten demnach nicht gelesen werden. Ist dies Transparenz? Was wird da der Öffentlichkeit vorenthalten?

Warum keine konventionellen Heilmethoden?

Und über Medikamente, die helfen könnten wird derzeit überhaupt nicht gesprochen. In Japan ist das Medikament Foipan® seit mehr als 17 Jahren auf dem Markt. Es senkt die Todesrate um mehr als 70%, wenn es am Anfang der Infektion gegeben wird. Auch Nesylate und Fusan® sind sehr wirksam. Es gibt aber auch Medikamente, die unmittelbar vor der Zulassung stehen, z.B. das Medikament COR-101.

Allerdings: COR-101, das in Japan schon 17 Jahre zugelassen ist, darf in der EU noch nicht verwendet werden, denn die EU-Kommission hat dafür eine sehr langfristige Studie zum Nachweis der Wirksamkeit und Verträglichkeit – bis Ende 2021 veranlasst. Erste Ergebnisse werden erst nach dem *Great Reset*"-Treffen (21. Mai 2021) bekanntgegeben.

Was soll man von dieser Vorsicht, die man allerdings bei den Impfstoffen nicht hatte, halten?

Und dann gibt es Vitamin D3, das als Vorbeugung und Hilfe bei Erkrankung außerordentlich hilfreich ist. Je 20kg Körpergewicht sollte eine Dosis von 1000 i.E. genommen werden, Bei 100 Kg Körpergewicht wären das 5000 i.E. täglich. D3 gibt es sowohl als Kapsel als auch in Tropfenform.

Wenn ich schon bei Alternativen bin, dann will ich auch noch auf Galgant hinweisen. Nach einer neuen Studie aus Indonesien übertrifft Galgant alles, was man bisher gewusst hatte. Galgant ist in der Lage, die Infektion der Körperzellen durch das Corona-Virus zu verhüten!

Bei einer Erkrankung helfen auch ein Spray von „Cistus Incanus, 30 ml" und die Mundspülung „octenident" (nicht "octenisept", das ist ein Mittel für Wunddesinfektion).

Ein anderer Spray wurde von DDr. Weth entwickelt und heißt „Govirth"[28]. Govirth hemmt bzw. schädigt das Hämagglutinin an einem Virus, sodass es nicht mehr an den Schleimhautzellen andocken kann. Menschen, die Kontakt mit dem Corona-Virus hatten und Gowirth anwendeten, bemerkten kein Krankheitssymtome, bildeten jedoch nachweisbar Antikörper gegen das Virus aus.

Hilfreich sind auch die so genannten „Samariter-Tropfen", die man selbst herstellen kann. Eine Anleitung zur Herstellung und Anwendung dieser Tropfen finden Sie im Anhang. Sie gehen auf eine Marienerscheinung zurück.

Ein chinesischer Experte behauptete, das Corona-Virus sei leicht unschädlich zu machen mit heißem Wasserdampf, den man einatmet. Das Virus hält den Wasserdampf in der Nase und auch in der Lunge nicht aus. Dass diese Informationen nicht in die Mainstream-Medien kommen ist SEHR verwunderlich.

Würde diese Information weltweit kommuniziert und sich der

---

[28] Man bestellt sie am besten unter info@heliolux.info.

Wasserdampf als billige und wirksame Heilmethode herausstellte, könnten alle „Lockdowns" und andere freiheitsberaubende Maßnahmen umgehend aufgehoben werden. Alle Tests und Impfungen wären sinnlos. Und dieses Buch wäre Müll.

Doch ich befürchte, dass all diese Informationen unterschlagen werden, weil man sonst den „Great Reset" nicht durchführen kann. Es ist ein Skandal, dass die EU alternative Wirkstoffe ignoriert, der „durchgepeitschte" Impfstoff aber möglichst durch Zwangsimpfung verabreicht werden soll!

„Kraut und Rüben"

Während ich dieses Buch schreibe, werden ununterbrochen neue Verordnungen erlassen. In den Medien gibt es nur mehr zwei Themen: Corona und Sport.

Um Weihnachten fand man plötzlich eine neue – britische – Virusvariante, die viel ansteckender sei! Wieder kann man auf eine neue Bedrohung starren. Und durch einen ungeheuren „Test-Marathon" steigen natürlich die positiven Fälle! Es ist ein Chaos!

Anfang Februar blickte man voll Sorge auf Tirol, weil dort einige Fälle einer „südafrikanischen", angeblich viel ansteckenderen Corona-Mutation aufgetreten seien. Man durfte Tirol 10 Tage lang nur mit negativem Testergebnis verlassen. Dies wurde mit einemgroßen Aufgebot von Polizei und Bundesheer überprüft. Bei einem Verstoß drohten Geldstrafen bis 1450 Euro!

Und – ausgerechnet am Tag der Endredaktion dieses Buches, dem 11.2.2021 warnten Epidemiologen vor einer neuen, viel ansteckenderen Infektionswelle, die im Monat März 2021 ausbrechen könnte.

Vollkommen überraschend wurde am 17.1.2021 der „Lockdown" in Österreich (vorläufig) bis auf den 8. Februar verlängert. Dabei spielen wohl auch die höheren Todeszahlen im Jahr 2020 eine Rolle. Ja, die jährlichen Todeszahlen waren nur 1983 höher.

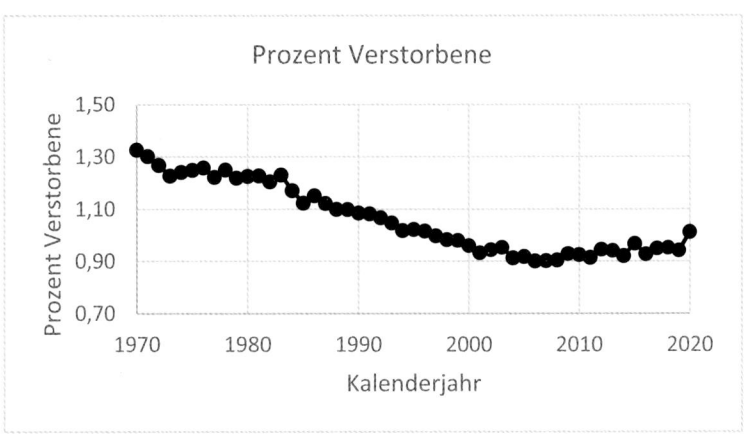

Prozent Verstorbene

Aber – wieder wird verschwiegen, dass natürlich bei einer wachsenden Bevölkerung auch die Todeszahlen wachsen.

Ich habe die statistischen Werte von 1970 bis 2020 ausgehoben und berechnet, wieviel Personen jährlich in Österreich sterben – und zwar in Prozenten der Gesamtbevölkerung. Das ergab folgendes Bild: (nächste Seite).

Die prozentuelle Sterblichkeit im Jahr 2020 war zwar höher als in den Jahren nach 2000, aber viel geringer als in den Jahren vor 2000! Eine Pandemie schaut so nicht aus!

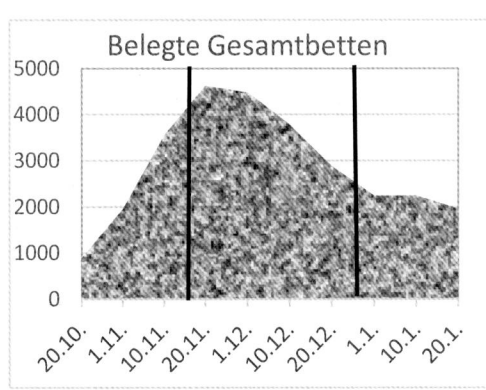

Belegte Gesamtbetten

Jona macht sich natürlich viele Gedanken, auch über die Auslastung der Spitäler. Die nebenstehende Grafik zeigt die belegten Betten in Österreich von Oktober 2020 bis Jänner 2021.

Die vertikalen Linien markieren jeweils den Beginn eines „Lockdowns". Während der erste Lockdown am

17.11.2020 noch zu rechtfertigen ist, fragt man sich, warum es erforderlich war, am 26,12.2020 den 3ten Lockdown auszurufen und ihn sogar noch zu verlängern. Hat das vielleicht noch andere Gründe als die Sorge um die Gesundheit der Bevölkerung?

Corona und die „Neue Weltordnung"

Warum schreibe ich so ausführlich über Corona? Was hat dies mit Prophetie zu tun? Ich glaube, Corona hat sehr viel mit Prophetie zu tun – dazu komme ich noch.

Ich möchte mit einem Ausspruch von David Rockefeller beginnen. Er hat schon im Jahr 1994 gesagt:

„Alles was wir benötigen, ist eine richtig große Krise, und die Nationen werden die Neue Weltordnung (NWO) akzeptieren."[29]

Und diese Krise haben wir jetzt – weltweit!

Es gibt Stimmen, die meinen, dass die ganze Pandemie eventuell absichtlich ausgelöst wurde – und zwar weltweit –, um die Menschen für eine NWO bereit zu machen. Das klingt natürlich nach *„Verschwörungstheorie"*. Und jeder, der nur ansatzweise so denkt, wird leicht in das *„rechte Lager"* gesteckt.

Sollte die Idee mit der *„Neuen Weltordnung"* aber stimmen, dann würde ein kapitalistisches System mit kommunistischer Struktur nach der Weltherrschaft streben.

Der 1938 in Deutschland geborene und jetzt in der Schweiz lebende Prof. Klaus Schwab hat im Jahr 1971 das WEF[30] gegründet. Jahr für Jahr treffen sich – meist in Davos international führende Wirtschaftsexperten, Politiker, Wissenschaftler, gesellschaftliche Akteure und Journalisten, um über aktuelle globale Fragen zu diskutieren.

---

[29] Rockefeller 1994 vor dem Wirtschaftsausschuss der USA.
[30] WEF bedeutet: World Economic Forum oder Weltwirtschaftsforum.

Im Jahr 2021 findet dieses Treffen vom 13.-16.5.2021 in Singapur statt. Das offizielle Thema wird noch geheim gehalten. Voraussichtlich geht es um das Thema *„The Great Reset"*[31], der *„Große Neustart"*. Vielleicht klingt es zu absurd - aber bei diesem *„Great Reset"* gibt es tatsächlich Vorbereitungen zur Etablierung einer NWO[32]. Im Kern des angestrebten *„Great Reset"* steht nicht weniger als die Forderung, dass die Weltwirtschaft sozialer und grüner werden müsse und der Kapitalismus tiefgreifender Reformen bedürfe. Auf der Website des WEF wird sogar gefordert: *„Kapitalismus und Sozialismus müssen verschmelzen"*.

In einem Podcast behauptet Klaus Schwab, dass eine Rückkehr zum alten *„Status quo"* nach der Krise unmöglich sei. *„Das ist Fiktion, das wird nicht passieren"*, sagte Schwab. Er hat über den *„Great Reset"* auch ein Buch[33] veröffentlicht. Unter anderem behauptet er, dass man im Jahr 2030 kein Eigentum mehr haben, aber glücklich sein werde.

Vieles von dem, was das WEF benennt, klingt gut und unterstützenswert. Wer will nicht die globalen Ungerechtigkeiten beseitigen und die Welt sozialer und grüner gestalten? Skeptisch stimmen sollte allerdings die Tatsache, dass ausgerechnet das Weltwirtschaftsforum als Sprachroh der Elite nun radikale soziale und ökologische Reformen fordert, die zu einer Öko-Diktatur werden könnten und die freie Marktwirtschaft durch eine zentrale Macht, eine *„Kommandowirtschaft"* ablösen würde.

Der ehemalige Präfekt der Glaubenskongregation, Kardinal Gerhard Müller, unterstützt jene, die vor dem „Grat Reset" warnen. Das Internetportal gloria.tv hat seine Äußerungen[34] so kommentiert:

---

[31] Man ist dabei, Ungeheuer zu produzieren, sagt Kardinal Müller am 4. 2 2021. Er unterstützt jene, die vor dem "Großen Reset" warnen,

[32] NWO bedeutet: Neue Welt-Ordnung

[33] Schwab Klaus & Malleret Thierry, Covid-19, Der große Umbruch, Forum publishing, 2020.

[34] Das Internet-Portal gloria.tv beruft sich auf NcRegister.com.

„Er glaubt, dass die westlichen Big-Tech-Giganten und der ‚Kommunismus der Volksrepublik China' heute zu einem einheitlichen Kapital-Sozialismus ‚konvergieren und verschmelzen' und einen ‚neuen Kolonialismus' produzieren. Ihr Ziel sei eine ‚absolute Kontrolle von Denken, Reden und Handeln'. Wie für totalitäre Systeme typisch, würde Kritik als ‚Verschwörung und Umsturz' verunglimpft. Müller warnt, dass sich homogenisierte Menschen leichter steuern lassen: ‚Durch Mainstreaming soll über die Medien die totale Bewusstseinskonformität der Massen erreicht werden'. Er erinnert daran, dass immer dann, wenn der Mensch sich ‚neu erschaffen und erlösen' wollte, stattdessen ein Monster produziert wurde und dass die Utopie eines Paradieses auf Erden zu den größten Verbrechen gegen die Menschheit führt. Der Kardinal nennt die Vorenthaltung der Freiheit für Andersdenkende, die Vernichtung der Arbeit und die Bevölkerungsreduktion durch Abtreibung und Euthanasie. Ein Vertrauen in die ‚philanthropische Haltung' von Vorsitzenden der großen Stiftungen und Gesellschaften sei daher nur ‚mit einer völlig naiven Realitätsverweigerung' möglich."

Und man hat es eilig mit dem „Neustart"! Ende Jänner wurde von der EU-Spitze der Plan veröffentlicht, dass man schon bis Juni 70% der EU-Bürger impfen möchte. Freilich, Prof. Klaus Schwab ist mit 82 Jahren nicht mehr der Jüngste und er möchte die Früchte des kommenden *„Great Reset"* noch erleben. Das Projekt könnte dann ja mit Sommer 2021 starten.

Dass es sich um keine *„Verschwörungstheorie"* handelt, kann man nicht mehr leugnen. Die UN-Kommissarin für Menschenrechte, Michelle Bachelet, sagte öffentlich[35], dass die Corona-Krise eine neue Ära nach *„freimaurerischem Prinzip"*[36] einleiten

---

[35] Quelle: Internet Blog Zeitung „Die freie Welt" vom 8.12.2020.
[36] Ich verweise nochmals auf die Vision der sel. Canori-Mora auf Seite 9.

werde. Auch sie will, dass alle Menschen auf der Welt geimpft werden! Die Welt brauche einen neuen Gesellschaftsvertrag für eine neue Ära. Sie sagte, dafür haben wir die freimaurerischen Werte der Solidarität und Brüderlichkeit.

Aufhorchen lässt die Aussage der spanischen Freimaurer, die in einer Stellungnahme zur Enzyklika *„fratelli tuti"* von Papst Franziskus schrieben: *„Der Papst übernehme den Begriff der Brüderlichkeit von der Freimaurerei!"* Vor dem Punkt 103 der Enzyklika *„fratelli tuti"* steht tatsächlich als Überschrift: *„Freiheit, Gleichheit und Brüderlichkeit"!* Der Schlachtruf der Französischen Revolution hieß: *„Egalité, fraternité, liberté"*, das heißt: *„Gleichheit, Brüderlichkeit, Freiheit"*. Ein Papst übernimmt den Schlachtruf der französischen Revolution, die das Leben von unzähligen Priestern und Nonnen kostete! Und das ohne Kommentar! Ist das Zufall?

Zu Beginn dieses Kapitels schrieb ich, dass die Krise Auslöser für eine neue Weltordnung sein kann. Die Änderung sei so bedeutend, dass man analog der Einteilung der Zeit in „vor" und „nach" Christus, bald von einer Zeit „vor" und „nach" Corona sprechen werde. Wir stehen vor einer Zeitenwende!

Es ist interessant, dass die *„Frau aller Völker"* bei ihren Erscheinungen in Amsterdam in der 14. Botschaft vom 26.12.1947 auch eine Zeitenwende erwähnt und zwar nach einem weltweiten Chaos. Die Seherin schreibt:

„Jetzt wirbeln verschiedene Bilder durcheinander. Das erste, was ich unterscheiden kann, sind Fackeln, die nach drei Seiten Licht verbreiten, nach Westen, Norden und Osten. Dann sehe ich blaue und weiße Streifen durcheinander und dann Sterne. Danach erblicke ich Sichel und Hammer, aber der Hammer trennt sich von der Sichel und das alles wirbelt jetzt durcheinander. Dann sehe ich einen Halbmond und eine Sonne, auch die kreisen wieder mit. Und durch das Ganze hin scheint schließlich eine Art Bock oder Gämse zu springen. Und nun erscheint, während sich

das alles durcheinander dreht, an der linken Seite ein Kreis, und durch ihn dreht sich der Globus.

Dann kommt plötzlich ein großer Zeiger. Ich höre sagen: ‚Der Sonnenzeiger ist gewendet'".

Ein Interpretationsversuch: Bei den Fackeln handelt es sich um Kriege, die offenbar die Nordhalbkugel betreffen (Westen, Norden, Osten). Genannt werden Israel (blau-weiß), USA (Sterne), Russland und China (Sichel und Hammer), Länder des Islam (Halbmond) und Japan (Sonne). Alle Länder wirbeln durcheinander und durch das Ganze springt der Teufel (Bock). Nach diesem Durcheinander ist der *„Sonnenzeiger"* gewendet! Das weist eindeutig hin auf ein kommendes epochales Ereignis, eine Zeitenwende.

Nur wird diese nicht durch den *„Great Reset"* hervorgerufen, sondern durch die Verkündigung des letzten Mariendogmas. Dann werden *„falsche Propheten, Krieg, Zwietracht, Uneinigkeit verschwinden"*[37].

Haltet durch!

Es kommt noch vieles auf uns zu. Nach wie vor glaube ich nicht, wie schon erwähnt, dass der Antichrist jetzt kommt – obwohl vieles in diese Richtung weist. Warum glaube ich das? Weil die Hl. Schrift über jeder Prophetie steht.

Ich glaube auch, dass der Versuch, jetzt eine *„Neue Weltordnung"* zu installieren, scheitern wird. Es sprechen einfach alle ernst zu nehmenden Vorhersagen dagegen. Sie beschreiben zwar Katastrophen und Kriege, die aber nicht zu einer atheistischen *„Neuen Weltordnung"*, sondern zu einem erneuerten Christentum, einem *„Neuen Frühling"* in der Kirche führen werden.

Wir Christen erwarten einen *„Neuen Frühling"*. Auch die über

---

[37] Die Botschaften der Frau aller Völker, 51. Botschaft vom 31.5.1955.

Internet Ende Jänner 2021 abgehaltene Weltkonferenz über Medjugorje hat die Hoffnung auf den *„Neuen Frühling"* thematisiert. Natürlich, unser letztes Ziel ist der Himmel. Noch aber leben wir auf dieser Erde und müssen auch in irdischen Dimensionen denken.

Die Corona-Zeit ist schlimm, und ich befürchte, es kommt noch schlimmer! Wir müssen aufpassen und uns schützen! DENNOCH … mit jedem Tag nähern wir uns dem Sieg des Unbefleckten Herzens Mariens.

Jetzt ist unser Glaube gefragt, er wird auf die Probe gestellt. Glauben wir angesichts Corona noch an diesen Sieg Mariens? Was ist, wenn es zu Erdbeben und Vulkanausbrüchen kommt, die auch uns betreffen können? Glauben wir auch dann an diesen Sieg? Wenn wir verfolgt und interniert würden – glauben wir an diesen Sieg? Oder geht es uns wie Petrus, der kurz vor dem Sieg Jesu zweifelte und seinen Herrn verleugnete?

Ich flehe Euch an, haltet durch, haltet Euch fest an Jesus – wie sehr ihr auch geschüttelt werdet: Er wird siegen, denn Er hat schon gesiegt.

Im Jakobusbrief steht: *„…haltet geduldig aus bis zur Ankunft des Herrn! Siehe, auch der Bauer wartet auf die kostbare Frucht der Erde, er wartet geduldig auf sie, bis Frühregen oder Spätregen fällt. Ebenso geduldig sollt auch ihr sein; macht eure Herzen stark, denn die Ankunft des Herrn steht nahe bevor"* (Jak 5,7-8).

Natürlich wundert uns die Formulierung *„…steht nahe bevor"*. Die Formulierung gilt für alle Jahrhunderte und für jedes persönliche Menschenleben. Sie gilt auch für jeden einzelnen Leser – unabhängig von der Entwicklung der Welt. Wir stehen heute aber vor einer *„besonderen Ankunft"* des Herrn, die wir an den Zeichen der Zeit erkennen sollen. Und davon gibt es viele – unter anderem auch Corona!

Corona und Kirche

Behinderung und Verbot von Gottesdiensten

Die Corona-Pandemie, wie sie immer bezeichnet wird, hat auch die Kirche mit voller Wucht getroffen. Wer konnte sich vorstellen, dass von einem Tag auf den anderen alle öffentlichen Gottesdienste verboten werden?

Das Versammlungsverbot in geschlossenen Räumen traf die Kirche unvorbereitet. Die Bischöfe haben daraufhin die Gläubigen vom Besuch des Sonntagsgottesdienstes dispensiert. Das Mitfeiern der *„Internet-Gottesdienste"* wurde angeregt. Gott sei Dank haben sich viele Gemeinden entschlossen, Gottesdienste im Livestream zu übertragen. Besonders beliebt waren Sendungen im KTV, Bibel-TV und EWTN. Tägliche Gottesdienste wurden z.b. auch vom Marienheiligtum Pöllauberg übertragen.

Ein indischer Priester erzählte, dass sein in Indien lebender Schwager zu Beginn der Pandemie verstarb. Für diesen Verstorbenen durfte auf Grund der indischen Corona-Verordnungen Monate lang keine Hl. Messe gefeiert werden. Daher bat dieser Priester die Gläubigen um ihr Gebet.

Der Bischof von Essen, Dr. Franz-Josef Overbeck, empfahl den Pfarren, die Gottesdienste auf die Feiertage zu beschränken und an Werktagen keine Gottesdienste zu feiern. Was ist der Sinn einer solchen Empfehlung? Sind an Werktagen etwa mehr Menschen in der Kirche, so dass dann die geforderten Abstände nicht eingehalten werden können?

Und was tat der hl. Karl Borromäus im Jahr 1576 in Mailand, als der Adel floh und die Bevölkerung der Pest überließ? Er verwandelte sein Palais in ein Spital und stand den Pestkranken bei! Als es schon tausende Tote gab, organisierte er Andachten und Prozessionen. Er band sich einen Strick um den Hals, lud ein schweres Holzkreuz auf seine Schulter und führte so barfuß die

Bußprozession durch die Stadt. Er feierte Bußgottesdienste, predigte und spendete Tausenden die heiligen Sakramente. Hatte er Erfolg? Ja, es starben in Mailand viel wenige Menschen als in anderen Regionen.

Und was machen viele Priester heute? Sie flüchten vor dem tausendmal harmloseren Virus und lassen die Gläubigen alleine!

In Irland wurden von der Regierung die Corona-Maßnahmen auch Anfang Oktober 2020 wieder verschärft. In die Kirchen darf man nur zum privaten Gebet gehen. Öffentliche Heilige Messen sind verboten. Bei Begräbnissen dürfen nur 25 Menschen teilnehmen. Es ist sonderbar: Restaurants und Pubs bleiben aber offen. Diese drakonischen Maßnahmen wurden getroffen, obwohl es nur 141 bestätigte Covid-19-Patienten gab. Priester, die dennoch die Hl. Messen feiern, werden verhaftet – und das in einem konservativen katholischen Land!

Beim zweiten „Lock-down" in Deutschland hat der Bayerische Ministerpräsident Söder auch für den Heiligen Abend die nächtliche Ausgangssperre nicht aufgehoben, so dass die Christmetten schon um 20.00 Uhr beendet werden mussten, damit die Metten-Besucher um 21.00 Uhr zu Hause sein konnten.

Und so gibt es weltweit täglich neue Meldungen von Kirchenschließungen und anderen Behinderungen an der Ausübung der christlichen Religion. Eine Meldung vom 6.10.2020 hat mich besonders erschüttert: Im Vatikanstaat besteht eine Maskenpflicht – auch im Freien.

Die Vorschrift gilt nicht nur am Arbeitsplatz, sondern auch außerhalb, wenn die erforderlichen Abstände nicht gewahrt werden können. Zudem wird die Beachtung weiterer Hygiene- und Schutzmaßnahmen dringend empfohlen. Über die Einhaltung der Regeln wacht die Schweizer Garde. Es können Geldstrafen von 400 bis 3.000 Euro verhängt werden.

In verschiedenen Ländern werden Verstöße gegen die Quarantäne-Vorschriften bis zu zwei Jahren Haft geahndet. Wenn man dadurch jemanden infiziert hat, dann kann man bis zu fünf Jahren eingesperrt werden.

Ich habe schon von meiner Befürchtung geschrieben, dass auch bei einer Aufhebung der *„Lockdowns"* ein Gottesdienstbesuch nur für Geimpfte gestattet werden könnte. Christen, die sich aus verschiedenen Gründen nicht impfen lassen, wären dann von der Hl. Messe auf unbestimmte Zeit ausgesperrt. Das würde den Impfdruck noch erhöhen.

Gibt es Prophetien zu Corona?

Da Jona ein Prophet ist, höre ich zu Recht die *Frage: „Lieber Bruder Jona, du hast jetzt ziemlich ausführlich über Corona geschrieben. Aber hat uns Gott auf diese Zeit vorbereitet? Gibt es Prophetien, dass so etwas passieren wird?"*

Ehrlich gesagt, in den Botschaften der wichtigsten Marienerscheinungen seit 1830 (Rue du Bac, La Salette, Lourdes, Fatima und Akita) finde ich dazu keine Aussage. Über Amsterdam werde ich noch berichten.

ABER, es gibt einen segensreichen Pfarrer aus Bayern, Pfarrer Franz Sales Handwercher, der 1792 geboren wurde. Er stand im Ruf eines *„Segenspfarrers"*, denn er heilte Kranke durch Gebet und Segen. Seine Pfarrkirche war an Sonn- und Feiertagen von 2:00 Uhr morgens bis spät abends besucht.

Er gründete die *„Bruderschaft des heiligsten und unbefleckten Herzens Mariae"*, die bald 10.000 Mitglieder hatte, darunter auch den heilige Bruder Konrad von Parzham.

Im Dezember 1830 berichtete er seinem früheren Lehrer – dem großen Regensburger Bischof Johann Michael Sailer – über seine „*Geistesmitteilungen*". Worin bestanden diese „*Mitteilungen*"?

An 15 aufeinanderfolgenden Sonntagen wurde dem Pfarrer jeweils früh am Morgen eine Vision zuteil. Der Pfarrer schrieb den Inhalt dieser teilweise erschütternden Schauungen in Versform nieder. So gibt es für jede Schauung ein Gedicht.

Im Wesentlichen beschreiben diese Gedichte die Veränderungen in Kirche und Welt nach 1830: Kriege, Hungersnöte, Abschaffung der Beichte (die Beichtstühle fliegen in die Wüste) ...

Am 6. Sonntag überschreibt Pfarrer Handwercher das Gedicht mit: „*Der Weltjahrmarkt wird zur Beute Satans, nur gebeugte Knie helfen wider ihn.*" Ausführlich schildert der Pfarrer den Wohlstand auf Erden. Dann kommen die folgenden Strophen:

Aller Menschen Tagsgeschäfte
War ein Markten, Treiben, Dingen,
Um Gewinnste zu erkaufen,
Um Gewinnste zu erringen.

Plötzlich sah ich wilde Tiere,
Wohlbewehrt mit Zahn und Krallen,
Tiger, zottig, schwarz und grausam,
In des Volkes Menge fallen.

Tausend von den Käufern, Händlern,
Sah ich von der Tiere Bissen
Mitten in dem Marktgedränge
Angefallen und zerrissen.
...
Mit gebeugtem Knie sucht ich
Fest die Türe zuzudrücken;
Und ich zog zugleich das Messer,
Um als Wehre es zu zücken.

Auf der Tiere Köpfe schlug ich
Mit der Waffe viele Male;
Doch es war als träf die Klinge
Einen Helm von stärkstem Stahle.

Solche Feinde zu verwunden,
Kann das Messerlein nichts nützen;
Doch es retten mich die Knie,
So die Türe unterstürzen.

Auf Grund der Überschrift sollten die Tiere wohl ein Bild für Satan sein, der den Menschen zum Unheil wird. Es handelt sich auf jeden Fall um ein allegorisches Bild.

Im Hinblick auf das Gedicht für den 7. Sonntag könnten diese „Ungeheuer" allerdings auch Viren sein. Eine Abwehr scheint erfolglos, denn die Tiere haben einen „Helm von stärkstem Stahle." Doch es gab eine Rettung, es waren die gebeugten Knie!

Passt das nicht für die Corona-Zeit? Mitten in das geschäftige Treiben der Welt kommen diese „Ungeheuer", die Viren, die jeden befallen und viele wegraffen können. Man kann sie kaum bekämpfen und besiegen – außer – man fällt auf die Knie!

Nahtlos schließt das Gedicht des 7. Sonntags an, das offenbar auch unsere Corona-Zeit betrifft und die Überschrift trägt: „Aller Gottesdienst erloschen". Hier das ganze Gedicht:

Eines Hochamts ernste Feier
Hatt' ich eben übernommen
Und ich war im heiligen Amte
Bis zur Präfation gekommen.

Sieh! Die Präfation des Festtags
War im Messbuch nicht zu finden.
„Warum säumst du in dem Amte?",
Lärmt man in der Kirche hinten.

Und ich gab darauf zur Antwort:
„Weil die Präfation ich suche."
Doch soviel ich immer blätt're,
Find ich keine in dem Buche.

Jetzo hört' ich eine Stimme:
„Schaue aufwärts an die Wände!
Siehe! Siebenhundertachzig
Schrieben dort verborg'ne Hände!"

„Ziehe ab!", so hat die Stimme
Nun zum zweitenmal geschrien;
Eine Zahl ward angeschrieben;
Von der ersten abzuziehen.

Und ich las: „Einhundertsechse".
Und es ruft die Stimme wieder:
„Also lange liegt auf Erden
Aller Gottesdienst darnieder!"

Soweit das Gedicht – die in Versform gebrachte Vision – eines, wie schon erwähnt, frommen Priesters. Sie sollten nun, bevor Sie weiterlesen, selbst überlegen, ob Sie in diesem Gedicht einen logischen „roten Faden" finden können. Und dann lesen Sie weiter.

Aller Gottesdienst liegt darnieder

Was habe ich aus diesen Zeilen herausgelesen? Ich glaube, es kommt bei dem Gedicht auf die letzten beiden Zeilen an: *„Also lange liegt auf Erden aller Gottesdienst darnieder!"*

Es ist eine ungeheure Aussage! Ich habe das Gedicht schon lange gekannt, konnte mir aber nicht vorstellen, warum *„auf Erden"* aller Gottesdienst darniederliege.

Es kann doch nicht die ganze Welt eine glaubenslose Diktatur werden. Was soll es sonst für einen Grund geben, dass man allen *„öffentlichen"* Gottesdienst verbietet bzw. einschränkt – und zwar weltweit? Einen *„Lockdown"* infolge einer *„Virus-Pandemie"* konnte man sich nicht vorstellen. Und so dachte ich darüber nicht weiter nach.

Wenn man das Gedicht erstmals durchliest, wird man sich fragen, wo es da einen durchgehenden roten Faden geben kann. Wie hängt der Bericht von der Präfation mit den anderen Teilen des Gedichtes zusammen? Das Gedicht (die Schauung) besteht ja aus drei Teilen, die scheinbar nichts miteinander zu tun haben: Die Suche nach der Präfation, die angegebenen Zahlen und das *„Darniederliegen"* allen Gottesdienstes auf Erden.

Der Pfarrer sucht also im Messbuch die Präfation. Offenbar liest er in dieser Vision die Messe in der Zukunft – vielleicht im Jahr 2020. Er kennt aber nur das Messbuch des Jahres 1830. Und da hat sich seither einiges geändert.

Also, der Pfarrer blättert und sucht die Präfation. Was ist die Präfation, welchen Stellenwert hat sie innerhalb der Liturgie? Die Präfation ist ein Gebet, das den Kanon einleitet. Wobei man als Kanon alle Teile des Hochgebetes, die nach dem Sanctus kommen, bezeichnet. Der Ablauf ist folgendermaßen:

Nach dem Wechselgebet ...

> *„Der Herr sei mit euch"* ... *„Und mit deinem Geiste"*
> *„Erhebet die Herzen"* ... *„wir haben sie beim Herrn"*
> *„ Lasset uns danken dem Herrn, unserm Gott."* ...
> *„Das ist würdig und recht."* ...

liest der Priester die Präfation, die verschiedene Inhalte haben kann. Aber immer beginnt das Gebet mit: *„In Wahrheit ist des würdig und recht ..."*

Präfation nennt man auch Vorgebet. Im Englischen heißt es *„preface" (Vorwort oder Einführung).* Der Pfarrer sucht also die Einführung; er sucht das, was vor dem Kanon, dem Zentrum der Messfeier, kommt.

Lange fand ich keinen Zusammenhang zwischen den beiden Teilen des Gedichtes, der Präfation und dem Text mit den Zahlen.

Die Präfation muss also irgendetwas mit dem Ruhen des Gottesdienstes zu tun haben. Sonst hat ja das Gedicht keinen Sinn. Geht es möglicherweise um eine Analogie, einen Zusammenhang zwischen Messfeier und Corona-Zeit?

Wenn die Präfation dem Kanon vorausgeht, geht vielleicht das *„Ruhen des Gottesdienstes"* einem anderen Geschehen voraus?

Da kam mir in den Sinn, dass doch viele – auch ich – nach Zeichen suchen, – ob und wann die prophezeiten, vor uns liegenden Ereignisse der Endzeit eintreffen werden. Wir suchen quasi nach einem *„Einstiegsereignis"*, das uns anzeigt: *„Jetzt ist es so weit!"*

Und dann kam mir der Gedanke: Die Präfation (das Vorwort) für die kommenden weltlichen Ereignisse verbirgt sich in dem Satz: *„Also lange liegt auf Erden aller Gottesdienst darnieder!"* So wie die Präfation den Kanon einleitet, so ist der noch nie dagewesene weltweite Stillstand der öffentlichen Messfeiern das *„Vorwort"* für die kommenden Ereignisse.

Die Menschheit erlebt einen plötzlichen, absoluten Stillstand. Dazu fällt mir eine Stelle aus der Geheimen Offenbarung ein, die zu diesem Szenario passen könnte: *„Als das Lamm das siebte Siegel öffnete, trat im Himmel Stille ein, etwa eine halbe Stunde lang (Offb 8,1)".*

Man könnte sagen: Alles im Himmel hält vor der Aussendung der Engel mit den sieben Posaunen (vgl. Offb 8,6ff) den Atem an in Erwartung dessen, was nun geschehen wird. Vor der Aussendung der Posaunenengel bringen die Engel die Gebete der Heiligen vor Gott: *„Aus der Hand des Engels stieg der Weihrauch mit den Gebeten der Heiligen zu Gott empor (Offb 8,4)".*

Ja, es wird *„von den Heiligen"* nach der *„Stille"* und der Aussendung der Posaunenengel viel gebetet. Sie schreien zu Gott: *„Herr, komm uns zu Hilfe!"*

Und dann beginnt das eigentliche Geschehen: *„Dann nahm der Engel die Räucherpfanne, füllte sie mit glühenden Kohlen, die er vom Altar nahm, und warf sie auf die Erde; da begann es zu donnern und zu dröhnen, zu blitzen und zu beben (Offb 8,4)".*

Das ist es, was uns bevorstehen dürfte. Wir durchleben die letzten Tage relativer Ruhe.

Wie lange gibt es keinen Gottesdienst?

Die im Zusammenhang mit der Suche nach der Präfation genannten Zahlen sind 780 und 106. Für mich bedeuten diese Zahlen Tage. Die Differenz beider Zahlen (780-106 = 674) bezeichnet jenen Zeitraum, in dem aller Gottesdienst auf Erden darniederliegt, also 674 Tage.

Ich interpretiere beide Zahlen aber so: In einem Zeitintervall von 780 Tagen gibt es außer an 106 Tagen keinen öffentlichen (normalen) Gottesdienst auf Erden. Handwercher spricht von *„aller Gottesdienst auf Erden".* Niemand kann natürlich genau auflisten, wann und wo und wie lange der Gottesdienst in einzelnen Ländern darniederliegt.

Interessant ist, dass schon im Herbst 2020 viele Veranstaltungen des Jahres 2021 abgesagt wurden: wie z.B. der Opernball in Österreich oder der Karneval von Rio... Der *„Lockdown"* begann in Deutschland am 15.3.2020 und in Österreich am 16.3.2020.

Wenn die Zeit der weltweiten Behinderung der freien Gottesdienste 780 Tage dauern sollte, dann kann man ja das Ende der
Behinderung berechnen. Man kommt zum Ergebnis, dass es in
Deutschland am 4.5.2022 und in Österreich am 5.5.2022 wieder
ungehinderte Gottesdienste geben werde. Darf man nur (780-
106=674) Tage rechnen, dann kommt man auf den 18.1., bzw.
19.1. 2022. Der Spuk „Mess-Lockdown" wäre Mitte Jänner oder
Anfang Mai 2022 zu Ende. Ich glaube, dass es der spätere Termin
sein wird.

Nach den Aussagen der Politiker Merkel und Kurz wird es erst
dann wieder eine „neue Normalität" geben, wenn viele Menschen
gegen Corona geimpft sein werden.

Nun aber wurde schon Ende 2020 mit der Impfung begonnen.
Damit aber eine „Herdenimmunität" erreicht werden kann, muss
man, so sagen die Immunologen, etwa 80% der Bevölkerung
durchimpfen. Dieses Ziel kann in Österreich frühestens Ende
2021 erreicht werden – wenn sich so viele Menschen (ohne Impfpflicht) überhaupt impfen lassen. In den USA liegt die Impfbereit-
schaft derzeit bei 60%, in Österreich bei 22%! Es geht also nicht
so schnell, bis Corona überwunden sein wird.

Da die EU hochwirksame Medikamente gegen das Virus zu-
rückhält und offenbar aus „geheimen" Gründen möglichst alle
Menschen impfen will, wird die Pandemie voraussichtlich noch
ein gutes Jahr dauern.

Für mich liegt der Gottesdienst auch dann darnieder, wenn es
Maskenpflicht und Abstandsregeln, praktisch keine Beichte, keinen Volksgesang… gibt. Und das scheint so schnell nicht verändert zu werden. Im Gegenteil. Ende Jänner 2021 werden in Österreich FFP2-Masken und ein Mindestabstand von 2m – auch im
Gotteshaus – gefordert. Und die Kirche übt gegenüber der Politik
sogar einen vorauseilenden Gehorsam.

Ich muss es immer wieder erwähnen: Prophetien sollen uns vorbereiten – vor allem unsere Umkehr bewirken. Der Herr ist Herr über die Zeit, und er gibt uns zeitgerecht Hinweise – oft verschlüsselt. Und ich meine, dass Pfarrer Handwercher für uns so einen Hinweis Gottes aufgeschrieben hat.

Ich sehe aber auch das Problem, dass viele, die sich schon lange mit Prophetien beschäftigen, müde werden. Freilich, wer möchte nicht schon jetzt den „Neuen Frühling" in Kirche und Welt erleben. Wir kennen den Spruch von den Mühlen Gottes. Sie mahlen langsam – aber sie mahlen. Doch gerade jetzt mahlen sie sehr kräftig.

Gibt es Hoffnung auf ein Ende?

Wir können unsere Zeit – eine dunkle Zeit – besser ertragen, wenn wir wissen, dass die Dunkelheit weichen wird. Deshalb werde ich auch einen Teil des letzten Gedichtes dieser „Geistesmitteilung" von Pfarrer Handwercher wiedergeben.

Am 15ten Sonntag schließt der Pfarrer seine Schauungen mit folgendem Text ab:

Meine Augen überraschen jetzt[38]
Drei Tempel in dem einen,
Die vereint und doch geschieden
Als ein Ganzes mir erschienen.

Links ist Gott des Vaters Tempel.
Rechts der Tempel von dem Worte;
Mitten strahlt des Geiste Kirche
In dem heiligen Gnadenorte.

---

[38] Ich zitiere nur den letzten Teil der Schauung vom 15ten Sonntag. Das ganze Gedicht findet man z.B. in dem Buch von Anton Angerer (Mediatrix-Verlag) mit dem Titel „Das steht der Welt noch bevor" auf den Seiten 140-165.

In den dreien Kirchen sah ich
In anbetendem Vereine
Mit den Engeln und den Heil'gen
Die andächtige Gemeinde.

Alle Gläubigen und Frommen
Jeden Ranges, jeden Standes,
Jeden Alters und Geschlechtes,
Jeden Weltteils, jeden Landes.

Wer zum Geist ruft, ehrt den Vater;
Wer den Sohn ehrt, dient dem Geiste;
Niemand kann zu einem flehen,
Der nicht Dreien Ehrfurcht leiste.
...
Hochentzückt von dem Gesichte
Sank ich auf die Tempelstufen
Und in Preis und Dank ergossen,
Hat mein Herz zu Gott gerufen:

„O wie fromm ist diese Jugend!
O wie fromm die ganze Herde!
O wie herrlich ist die Wohnung
Meines Gottes auf der Erde!"

Sind die letzten beiden Strophen nicht wunderschön? Wenn uns die kommenden Ereignisse niederdrücken sollten, dann muss man diese Zeilen immer wieder lesen, sie aufschreiben und sichtbar als *„Denkzeichen"* aufhängen.

Erwartet uns schlussendlich nicht eine wunderbare Zukunft, wenn wir nach allen Umbrüchen jubeln können *„O, wie fromm ist diese Jugend! O, wie fromm die ganze Herde!"*

Es gibt natürlich auch andere Quellen, die uns ein Ende der schlimmen Zeit vorhersagen. Die Seherin Marija von Medjugorje erhielt zum Beispiel am 25.8.2020 folgende Monats-Botschaft der Muttergottes: *„Liebe Kinder! Dies ist die Zeit der Gnade. Ich bin mit euch und ich rufe euch, meine lieben Kinder, von neuem auf, zu Gott und dem Gebet zurückzukehren, bis das Gebet euch zur Freude wird. Meine lieben Kinder, ihr habt keine Zukunft und keinen Frieden, bis euer Leben mit der persönlichen Bekehrung und der Veränderung zum Guten beginnt. Das Böse wird enden, und der Friede wird in euren Herzen und in der Welt herrschen. Deshalb, meine lieben Kinder, betet, betet, betet! Ich bin mit euch und ich halte vor meinem Sohn Jesus Fürsprache für jeden von euch. Danke, dass ihr meinem Ruf gefolgt seid!"*

Mitten in der Corona-Zeit kommt diese Botschaft, mit der Kernaussage: *„Das Böse wird enden, und der Friede wird in euren Herzen und in der Welt herrschen!"*

Ja, das Böse wird enden!

Ein neuer Altar

Kenner der Amsterdamer Botschaften werden auch die ersten fünf Strophen des obigen Gedichtes beeindrucken. Warum?

Pfarrer Handwercher sieht offenbar die in den Amsterdamer Botschaften vorhergesagte Kirche. Er schreibt: *„Drei Tempel in dem einen, die vereint und doch geschieden als ein Ganzes mir erschienen."*

In der 45. Botschaft von Amsterdam vom 20.3.1953 schreibt Ida Peerdeman: *„...ich sehe die drei Altäre auf gleicher Höhe, die ineinander übergehen, so als wären sie ein großer Altar."* Und in der 52. Botschaft vom 31.5.1956 wird auch das Äußere der Kirche genau beschrieben: *„Es ist eine besondere Kirche ... wie wir sie nicht kennen."*

Pfarrer Handwercher spricht von drei Kirchen, die vereint und doch geschieden sind. So wird auch die neue Kirche in Amsterdam beschrieben, eine Kirche mit drei Kuppeln. Sie wird eine

Wallfahrtskirche für alle Völker sein. Handwercher sieht in der Kirche Menschen *„jeden Weltteils, jeden Landes."*

Bis zum Bau dieser Kirche müssen wir uns aber noch gedulden. Zuvor muss nämlich das letzte Marianische Dogma im Amsterdamer Jahr `54 verkündet werden. In der 47. Botschaft vom 11.10.1953 heißt es: *„... dann werden die Völker Europas nach `54[39] vor Erleichterung aufatmen ... Dann kommt die große Weltaufgabe."* Das heißt, wir können und sollen dann das Evangelium weltweit verkünden! Nun aber zurück zu Corona.

Corona und Amsterdam

Ein neuer, seltsamer Krieg

Jetzt sind wir bei der *„Frau aller Völker"* und den Erscheinungen von Amsterdam angelangt. Hat die *„Frau aller Völker"* in Amsterdam keine Hinweise auf Corona gegeben?

Direkt hat die *„Frau aller Völker"* nichts gesagt, aber in der 14. Botschaft vom 26.12.1947 lesen wir, dass an bakteriellen/chemischen Waffen gearbeitet wird. *„Sind es Bazillen?", fragt die Seherin und erhält die Antwort: „Es ist höllisch ... sie sind dabei, das zu erfinden ... der Russe, aber auch die anderen."*

In dieser Botschaft wird eindeutig davon gesprochen, dass Krankheitserreger bewusst freigesetzt werden, dass praktisch alle großen Nationen an biologischen Kampfstoffen arbeiten.

In diesem Zusammenhang ist es aufrüttelnd, dass der französische Virologe und Nobelpreisträger Luc Montagnier bei einer Fernsehdiskussion gesagt hat: *„Das Corona-Virus ist ein im Labor künstlich erzeugtes Virus."*

---

[39] Eine Erklärung über die Amsterdamer Jahre (und Botschaften) gab ich in den Vorgängerbüchern „Geh nach Ninive", §Nebelleuchten über Ninive" und „Bruder Jona, was nun?".

Sollte das Virus absichtlich freigesetzt worden sein, um mit dessen Hilfe zu einer neuen Weltordnung kommen zu können, dann wäre dies eine kriegerische Handlung, die die Welt in dieser Form noch nie gesehen hat. Vielleicht ist damit jener Krieg gemeint, von dem *„die Frau"* in der vierten Botschaft vom 29.8.1945 spricht. Ida Peerdeman sagt darüber: *„Dann zeigt sie (die Frau) einen neuen, doch seltsamen Krieg an, viel später, der schreckliches Unheil verursachen wird."*

Das, was wir derzeit erleben ist *„seltsam"*. Menschen werden durch *„Lockdowns"* eingesperrt, man spricht in Österreich von *„Freitesten"* und will damit Menschen zwingen, sich testen zu lassen, um dann verschiedene Freiheiten zu erhalten.

Und das schreckliche Unheil, auf das *„die Frau"* hinweist, könnte auch der seelische, gesundheitliche und wirtschaftliche Schaden durch Corona sein.

Ein *„Jain"* der Glaubenskongregation zu Amsterdam

Viele Menschen suchen in diesen unsicheren Zeiten Zuflucht beim Gebet – Gott sei Dank! Ein sehr trostvolles Gebet ist jenes der *„Frau aller Völker":*

Unverständlicherweise hat die Glaubenskongregation am 6.11.2020 – mitten in der Corona-Krise – in einem Schreiben an den Bischof von Harlem – verboten, bei der Verbreitung des Gebetsbildes der *„Frau aller Völker"*, die Botschaften der *„Frau aller Völker"* zu erwähnen.

Die Verbreitung des Gebetsbildes, zusammen mit dem Gebet der *„Frau aller Völker"*, das die Imprimatur dutzender Bischöfe hat, wurde gottlob nicht untersagt.[40] Deshalb beten wir:

---

[40] https://theladyofallnations.info/de/aktuelles/ ... Darin geht es um eine Klarstellung und Erläuterung zu den Botschaften der *„Frau aller Völker"*.

Herr Jesus Christus, Sohn des Vaters,
sende jetzt Deinen Geist über die Erde.
Lass den Heiligen Geist wohnen
in den Herzen aller Völker,
damit sie bewahrt bleiben mögen
vor Verfall, Unheil und Krieg.
Möge die Frau aller Völker,
die selige Jungfrau Maria,
unsere Fürsprecherin sein.
Amen.

Die Erscheinungen von Amsterdam – was bisher geschah!

Ich möchte kurz auf die geschichtlichen Entwicklungen der Erscheinungen von Amsterdam eingehen:

- 1956 erlaubte Ortsbischof Johannes Huibers als Erster die private Verehrung des Titels, das Gebet und das Bild der *„Frau aller Völker"*, er verbot jedoch die öffentliche Verehrung.

- 1974 sagte die Glaubenskongregation nicht, dass die Erscheinungen falsch sind, doch sie bekräftigte, dass der Standpunkt *„non constat de supernaturalitate"*[41] weiterhin bestand, und in einer offiziellen Notifikation bestätigte sie das Verbot der öffentlichen Verehrung von 1956 durch Bischof Huibers.

- 1995 gestattete Rom die öffentliche Verehrung der *„Frau aller Völker"*. Deshalb gab Alois Bomers, der Bischof von Haarlem-Amsterdam, zusammen mit seinem Weihbischof, Maria Punt, am 31. Mai 1996 eine Mitteilung heraus, mit der die öffentliche Verehrung erlaubt wurde. Die Frage der Authentizität der Botschaften wurde dem persönlichen Urteil der Gläubigen überlassen blieb. Die Verehrung verbreitete sich rasch.

---

[41] Dies bedeutet: Es steht nicht fest, ob es sich um Übernatürliches handelt.

- 2002 hat Bischof Punt in seiner Verantwortung als Ortsbischof die Erscheinungen anerkannt, *„deren Wesen nach ein übernatürlicher Ursprung vorliegt"*.
- In einem Hirtenbrief fügte er noch hinzu, dass die Anerkennung keine Echtheits-Garantie für jedes Wort oder jedes Bild enthält, da der Einfluss des menschlichen Faktors immer bestehen bleibt.
- 2005 wünschte Rom eine kleine Änderung beim Gebet. Der letzte Satz des Gebetes *„Möge die Frau aller Völker, die einst Maria war..."* sollte geändert werden in *„Möge die Frau aller Völker, die selige Jungfrau Maria... "*.
- Der emeritierte Bischof von Haarlem-Amsterdam, Jozef Maria Punt, hat am 15.9.2020 geschrieben, dass sich die Verehrung (des Bildes und Gebetes) über die ganze Welt verbreitet hat und von Hunderten Bischöfen und einigen Kardinälen unterstützt wird.
- Das Gebet sei in fast alle Sprachen der Welt übersetzt. Der erste Satz des Gebetes lautet: *„Herr Jesus Christus, Sohn des Vaters, sende jetzt Deinen Geist über die Erde"*, mit besonderer Betonung auf JETZT.
- Der Bischof schreibt wörtlich: *„Am Gebetstag zu Ehren der Frau aller Völker in Deutschland 2019 waren wir erfreut, eine Grußbotschaft und den Segen von Papst Franziskus zu erhalten."*

Da ich fest überzeugt bin, dass dieses Gebet ein „Wegbereiter" für den (nach viel Kampf) kommenden Frieden sein wird, möchte ich näher auf das Gebet eingehen.

Die *„Frau aller Völker"* hat Ida Peerdeman in der 27. Botschaft vom 11.2.1951 zunächst gesagt: *„Lass doch alle wieder zum Kreuz zurückkehren, nur dann allein kann Frieden und Ruhe sein."* Diese Einleitung scheint mir besonders wichtig zu sein.

Auch in der 17. Botschaft vom 1.10.1949 ermahnt *„die Frau"* St. Peter (den Papst) und sagt: *„Warne doch, dass es so nicht gut geht. Mein Sohn wird wieder verfolgt. Nimm das Kreuz und stelle es doch in die Mitte. Dann erst wird Friede sein."*

Und jetzt – ausgerechnet JETZT – verbietet die Glaubenskongregation den Hinweis auf den Ursprung des Gebets und Bildes. Was geht hier vor? Dass die Glaubenskongregation 18 Jahre nach der Erlaubnis plötzlich wieder ein Verbot erteilt, ist ungewöhnlich.

Mit dem medizinischen *„Corona-Impfstoff"*, der auf einem abgetriebenen Kind basiert, hat die Glaubenskongregation kein Problem, mit einer für Kirche und Welt bedeutenden *„Marien-Erscheinung"* aber schon? Ich hoffe, dies wird sich bald ändern – hoffentlich nicht zu spät!

Dass es bei der Anerkennung der Erscheinung Probleme geben werde, ist aber nicht überraschend, denn das wurde vorhergesagt. In der 48. Botschaft vom 3.12.1953 heißt es zum Beispiel: *„Während ich vor dem Bildnis bete, sehe ich plötzlich die Frau, als ob sie aus dem Bildnis heraustrete, und höre sie deutlich und mit Ernst sagen: Fürchte nichts! ... Die Kräfte der Hölle werden losbrechen. Sie werden jedoch die Frau aller Völker nicht überwältigen."*

In der 23. Botschaft vom 15.8.1950 sagt Maria:

„Christenheit, du kennst deine große Gefahr nicht. Es existiert ein Geist, um dich zu untergraben. Aber" ... *sagt die Stimme wieder (und sie macht mit der Hand ein Zeichen des Segens):*

„Der Sieg ist unser!"

Ja, in der Welt und in der Kirche tobt ein Kampf, der von den meisten Menschen nicht in seiner Tragweite erkannt wird. Wir dürfen uns dadurch nicht entmutigen lassen, denn wir kämpfen auf der Seite der Sieger!

Die Gottesmutter bittet um dieses Gebet

In der 35. Botschaft vom 15.8.1951 heißt es: *„Dieses Bildnis soll verbreitet werden. Sage das deinem Seelenführer. Ich bin zufrieden über alles, auch über die Vorsicht, aber die ‚Frau aller Völker‘ wird sich in die Welt stellen. Das ist der Wille des Vaters und des Sohnes ...*

Ich habe erklärt, die Welt geht dem Verfall entgegen, darum senden jetzt der Vater und der Sohn die Frau zurück in die Welt...

Ich will auch von Deutschland in die Welt gebracht werden als die ‚Frau aller Völker‘. Ich werde dir helfen und allen, die dafür Sorge tragen. Ich will sogar, dass die Verbreitung durchdringen soll in die Länder, die abgeschlossen sind von den anderen. Dort wird die ‚Frau aller Völker‘ auch ihren Segen gaben. Sorge dafür, zögere nicht...

Weißt du wohl, Rom, wie alles unterhöhlt wird? Jahre werden verfliegen. Jahre werden darüber hingehen, aber je mehr Jahre, desto mehr Abfall. Die ‚Frau aller Völker‘ steht hier und sagt: ‚Ich will ihnen helfen; und darf ihnen helfen.‘“

Da wir nur halbherzig das Gebet verbreiten können, befinden wir uns in einer sehr traurigen Phase. Das bedeutet auf dem Hintergrund der Amsterdamer Botschaften, dass der Friede noch auf sich warten lässt.

„Mit der Kirche“

Die Frau wünscht ausdrücklich die Verbreitung des Bildes und Gebetes *„mit der Kirche“!* Sie sagt in der 45. Botschaft vom 20.3.1953: *„Aber die Völker werden – mit der Kirche – verstehe gut, mit der Kirche, mein Gebet in diesem Jahr beten müssen.“* Die Botschaft bezieht sich auf das Amsterdamer Jahr `53, in dem dies gemacht werden muss. Das Jahr `53 entspricht voraussichtlich dem Kalenderjahr 2025 (siehe später).

Bis dahin müsste Rom die neueste Verfügung wieder aufgehoben haben. Es soll ja das Gebet ausdrücklich „*mit der Kirche*" gebetet werden. Und dann kann und muss man auf die Botschaften der „*Frau aller Völker*" – die Quelle des Gebetes – verweisen dürfen.

Die Schwestern eines Klosters mit Eucharistischer Anbetung in Akita, Japan, hatten nach dem Bild der „*Frau aller Völker*" im Jahr 1973 eine Holzstatue schnitzen lassen. Sie beteten täglich das Gebet von Amsterdam. Im Juli 1973 vernahm Sr. Agnes Sasagawa eine schöne Stimme von der Statue der Frau aller Völker her, die ihr Botschaften gab. Es geschahen auch Heilungen, andere wunderbare Ereignisse und das Weinen von Tränen an der Statue, viermal in der Gegenwart des Bischofs selbst. Nach eingehender wissenschaftlicher Untersuchung an der Universität Akita bestätigte Ortsbischof John Shojiro Ito am 22. April 1984 „*den übernatürlichen Charakter der Ereignisse*".

Im Jahr 2023 ist das 50Jahr-Jubiläum der Erscheinungen von Akita. Dies könnte, wie ich später zeigen werde, die geheimnisvolle `50 zwischen ,*dem Papst*' und ,*der Frau*' sein. Gleichzeitig wäre 2023 das Jahr `51 der Amsterdamer Jahre.

Maria wird der Welt den Frieden bringen dürfen! Sie sagt:

„*Maria, die Frau aller Völker, wird heute gesandt, um die Welt, die Kirche von Rom und alle Völker nochmals zu warnen vor Verfall, Unheil und Krieg. Die Welt lebt im Verfall. Unheil wird noch kommen. Die Völker leben noch immer im Krieg …*

Das Jahr `53, das ist das Jahr, in dem die Frau aller Völker in die Welt gebracht werden muss …

Die Frau aller Völker wird der Welt Frieden bringen dürfen. Sie muss jedoch unter diesem Titel darum gebeten werden. Die Frau aller Völker wird der Kirche von Rom beistehen – Die Kirche von Rom – die Gemeinschaft – wird beten zu Maria, Mutter des Herrn Jesus Christus, unter diesem neuen Titel: ,die Frau aller Völker'.

Sie sollen mein Gebet gegen Verfall, Unheil und Krieg beten und unter alle Völker bringen. Ich werde der Kirche von Rom – der Gemeinschaft – helfen. Die Völker sollen mich anrufen unter diesem Titel ...

Die Frau aller Völker ist nicht bestimmt für ein Land oder für einen Ort, sondern ist bestimmt für die Welt, die Völker."[42]

Was bedeutet das für uns? Beten, warten und vertrauen!

Vielleicht hilft uns die Bibelstelle aus Ex 14,14 weiter. Man muss sich die aussichtslose Lage der Israeliten vorstellen: Vor ihnen das Rote Meer und hinter ihnen die Streitmacht der Ägypter. Alles scheint hoffnungslos. Und in dieser Situation sagt Mose dem Volk: *„Der Herr kämpft für euch. Ihr aber könnt ruhig abwarten."*

Ich glaube, Mose würde uns heute zurufen: „Eure Lage in dieser Corona-Zeit ist wirklich hoffnungslos. Vor euch das Virus, hinter euch die Zwangsimpfung ... ABER, ihr dürft ruhig abwarten und das Gebet der Frau aller Völker beten, denn: ‚DER HERR KÄMPFT FÜR EUCH'!".

Das letzte Marianische Dogma

Kardinal Ratzinger hat im Jahr 1995 dem Bischof von Harlem, Jozef Maria Punt, mündlich die Erlaubnis erteilt, die Erscheinungen von Amsterdam anzuerkennen (leider nur mündlich). Die Anerkennung durch den Bischof erfolgte daufhin im Jahr 2002. Es ist außergewöhnlich, dass die Glaubenskongregation 18 Jahre später die Entscheidung eines Diözesanbischofs in einer derartigen Sache zurücknimmt. Das ist aber im *„Corona-Jahr 2020"* geschehen. Warum? Der Glaubenskongregation bereitet das Bild und der Gebetstext sicher kein Problem – auch nicht die Zukunftsbotschaften. Ich bin überzeugt: Es geht um *„Theologisches"*!

---

[42] „Frau aller Völker", 47ten Erscheinung vom 11.10 1953.

Eine katholische Internetplattform hat am 4.1.2021 geschrieben: Der Grund der Ablehnung sei der Begriff *„Mittlerin aller Gnaden"*. Das glaube ich nicht, denn die Kirche betet seit 1300 Jahren das Gebet *„Unter deinen Schutz und Schirm ... unsere Frau, unsere Mittlerin, unsere Fürsprecherin"*. Und schon hier ist Maria die Mittlerin aller Gnaden!

Schwierigkeiten bereitet die Forderung, der Papst solle die Rolle der Muttergottes als *„Mittlerin, Miterlöserin, Fürsprecherin"* dogmatisieren. Der Streitpunkt ist der Begriff *„Miterlöserin"*.

In den Botschaften der *„Frau aller Völker"* wird an mehreren Stellen drauf hingewiesen, dass dieses Dogma heiß umkämpft werden wird. In den Botschaften ist 16mal vom Dogma die Rede. In der 33. Botschaft vom 31.5.1951 sagt Maria: *„Dieses Dogma wird viel umstritten, doch durchgeführt werden!"* In der 49. Botschaft vom 4.4.1954 werden wir aufgefordert: *„Streitet und bittet um dieses Dogma"*.

Warum schreibe ich dies? Weil wir mitten im Kampf stehen – weltlich und kirchlich! Ja, es hat begonnen!!! Und die *„Frau aller Völker"* ist ein Schlüssel zum Verständnis vieler Ereignisse.

Und – der Friede hängt nach der *„Frau aller Völker"* von der Verkündigung des Dogmas ab. Erst danach wird Friede sein.

Corona-Schäden

Ich meine mit *„Corona-Schäden"* jene Schäden, die durch die genannten Corona-Maßnahmen auftreten.

Wenn sich die Stille im Himmel (Öffnung des 7ten Siegels der Geheimen Offenbarung) wirklich auf unsere derzeitige Corona-Zeit beziehen sollte, dann ist das, was gerade geschieht, so, dass man den Atem anhalten muss.

Ich beschreibe kurz acht *„Übel"*, die uns die Corona-Maßnahmen beschert haben.

Übel 1: Gesundheit des Leibes

Bei den Corona-Maßnahmen geht es um Gesundheit. Alle Maßnahmen, die getroffen wurden, sollen vor allem vermeiden – so die Verantwortlichen in der Regierung –, dass das Gesundheitswesen überlastet wird. Es zeigte sich bei der *„ersten Welle"*, dass die freigehaltenen Intensivbetten nicht benötigt wurden. Krankenhäuser haben dafür aber Operationen verschoben und sind in der Folge wegen geringerer Auslastung teilweise in finanziellen Notstand geraten.

Vollkommen unverständlich ist es, dass in dieser Zeit In Deutschland 8000 Intensivbetten *„verschwunden"* sind. Man hat in der Corona-Zeit Intensivbetten abgebaut und den *„Lockdown"* u.a. wegen eines möglichen Mangels an Intensivbetten verhängt. Durch die verschobenen Operationen und medizinischen Behandlungen haben viele Patienten Schaden erlitten. Manche Menschen sind deshalb schon verstorben und andere werden noch sterben, weil zum Beispiel Krebs nicht behandelt wurde. Auch die Maskenpflicht zeigt bereits erste Opfer. Vor allem Kinder leiden unter mangelnder Sauerstoffzufuhr. Die Masken selber sind Keimstätten für Bakterien. Es hat schon schwerwiegende Pilzerkrankungen von Kindern in der Lunge gegeben.

Wenn durch die *„Rückatmung"* der CO_2-Gehalt im Blut steigt, würde der Blutdruck sinken. Dies wird jedoch dadurch verhindert, dass der Körper Stresshormone bildet, die im Urin nachgewiesen werden können. Die Kinder stehen also nachgewiesenermaßen aufgrund der Maskenpflicht in der Schule unter Stress. Sie sind weniger aufmerksam und können auch zu Hause nicht mehr ordentlich lernen. Neben den physischen Schäden gibt es sicher auch psychologische Schäden, die man noch gar nicht abschätzen kann.

Übel 2: Gesundheit der Seele

Die Corona-Maßnahmen haben viele alte und kranke Menschen in die Einsamkeit getrieben. In Alten- und Pflegeheimen wurden die Kontakte auf ein Minimum reduziert. Welches Gefühl der Verlassenheit ist da in den alten und kranken Menschen aufgestiegen? Die Isolation empfanden diese Menschen oft schmerzlicher als das Alter oder das Leid. Wer aber nur mehr für sich selbst lebt, ist bereits tot, weil der Lebenswille stirbt.

Was ist mit den Sterbenden, die keine Begleitung mehr erhielten, die um die Sakramente betrogen wurden, die sich nicht mehr verabschieden konnten? Wo war der Aufschrei der Kirche? Waren es doch zu allen Zeiten vorerst die Priester, die zu den Aussätzigen, den Pestkranken und zu allen anderen, mit anstechenden Krankheiten Befallenen, gingen.

Übel 3: Gesundheit der Gesellschaft

Es wurden alle gesellschaftlichen Kontakte durch die Corona-Maßnahmen radikal eingeschränkt: Restaurants, Theater, Konzerte, Zusammenkünfte ... wurden geschlossen, abgesagt oder stark beschnitten. Kranke oder sterbende Familienmitglieder durften, wie schon gesagt, nicht betreut und begleitet werden.

Der Virologe Drosten hat ein Rezept für Weihnachten 2020 und Neujahr 2021 verkündet: Um das Corona-Infektionsrisiko zu verringern, sollte man zu einer Art Selbstisolation im Vorfeld von Familienbesuchen kommen. Auch im Hinblick auf die Weihnachtszeit sei eine solche *„Vorquarantäne"* vernünftig.

Dies bedeutet, dass man eine Woche, besser 14 Tage, vor dem Familienbesuch in Quarantäne gehen sollte! Wer macht das?

Wenn man sich vor einem Restaurant-Besuch ausweisen und Name und Adresse angeben muss – wie frei sind wir dann? Was ist mit der lautstark verkündeten Datenschutzverordnung der EU? Dies hat uns doch viel mehr versklavt, als befreit.

Die Menschheit kennt viele ansteckende Krankheiten: Tuberkulose, Aids, Hepatitis... Man muss sich die Zahlen anschauen. Ein Vergleich für die weltweiten Todeszahlen/Jahr für 2020 ergibt derzeit nach „Statista":

Tote im Jahr 2020 durch:

Aids .... 0,77 Mio.	... *und zum Vergleich*
(mit) Corona ..... 1,80 Mio.	Alkohol .... 3,00 Mio.
Grippe .... 0,37 Mio.	Herz .... 9,00 Mio.
Hepatitis .... 0,88 Mio.	Verkehr .... 1,35 Mio
Tuberkulose...... 1,10 Mio.	

Es fällt auf, dass gegenüber früheren Jahren die Grippetoten fast halbiert wurden (früher 0,65 Mio.), auch die Tuberkulose nahm um 0,4 Mio. ab (früher 1,5 Mio.) – gegenüber dem langjährigen Schnitt. Wenn man dann noch ehrlicher weise alle „mit" Corona Verstorbenen berücksichtigt, dann kommt man wahrscheinlich auf weniger als 1 Million Toter. Das ist immer noch viel – unbestritten – aber weniger als die Toten durch Verkehr, Alkohol oder Herzkrankheiten.

Eine „böse Frage": Wenn es nur um die Vermeidung der Toten ginge, dann würde ein „Lockdown" des Verkehrs 1,35 Millionen Leben retten!

Hepatitis oder Tuberkulose gibt es Jahr für Jahr, Corona hingegen ist zeitlich begrenzt und es gibt keine Übersterblichkeit. Trotzdem ließen die Regierungen die Wirtschaft an die Wand fahren. Warum?

Es sind Fragen, die gestellt werden müssen und hoffentlich *„noch"* länger ohne Zensur gestellt werden dürfen. In diesem Zusammenhang ist es erschreckend, wie Internetplattformen (z.B. Amazon, Facebook, Google...) oder Videoplattformen (z.B. Youtube, Google Video...) kritische Beiträge einfach *„zensurieren"*. Und – wie Bürger, die ihre Meinung öffentlich sagen, diffamiert werden und oft sogar ihre Stelle verlieren. Das ist nicht mehr demokratisch, das hatten wir schon vor 80 Jahren!

Dass in Österreich eine für 31. Jänner 2020 angemeldete Demo gegen die Corona-Maßnahmen der Regierung mit fadenscheiniger Begründung untersagt wurde, trägt diktatorische Züge.

Übel 4: Gesundheit der Kirche

Was hat uns Corona alles beschert? Wir mussten im *„Lockdown"* auf die Hl. Messe, das Weihwasser, die Beichte und die Kommunion verzichten. Alle Aktivitäten wurden auf Eis gelegt: Keine Gruppen, keine Seminare, keine Exerzitien..., stark eingeschränkte Personenzahl bei Hochzeiten, Taufen oder Begräbnissen.

Sehr wahrscheinlich bleiben nach der *„Lockdown-Zeit"* viele Veränderungen aufrecht. Die österreichische Bischofskonferenz hat zeitweise das Weihwasser und auch die Mundkommunion verboten. Die Zahl der Messbesucher wurde drastisch reduziert.

Einigen Wochen nach der ersten *„Vollbremsung"* gab es kleine *„Erleichterungen"*! Die Pfarrer hätten wieder die Weihwasserbecken füllen dürfen. Auch Mundkommunion war wieder *„erlaubt"* (obwohl sie nie hätte verboten werden dürfen)[43]. In vielen Kirchen blieb das Weihwasserbecken aber weiterhin leer, dafür gab es Infektionsmittel, Abstand und Masken. In manchen Kirchen wurden

---

[43] Die Orthodoxe Kirche ließ sich bei der Kommunionspendung nicht beirren und blieb ihrer Tradition bisher treu.

sogar Ordner eingesetzt, die darauf achteten, ob die Masken während des Gottesdienstes getragen werden und ob man sich beim Kircheneintritt auch die Hände desinfiziert.

Ich kenne keinen österreichischen oder deutschen Bischof, der forderte, dass Sterbende auf jeden Fall das Recht auf priesterliche Begleitung hätten. Und was ist mit den vom Besuch ihrer todkranken Angehörigen ausgeschlossenen Ehepartnern, Kindern, Enkelkindern und Eltern? So eine Einschränkung hat es nicht einmal im Nationalsozialismus gegeben.

Übel 5: Gesundheit und Arbeit

Von einem Tag auf den anderen wurden abertausende Menschen arbeitslos – oder vorübergehend beurlaubt. In Europa geht das durch die sozialen Abfederungen noch eine Weile gut. In anderen Kontinenten bedeutet der Verlust der Arbeit über kurz oder lang den Tod durch Hunger.

In Indien z.B. war es so: Tausende Menschen haben ihren Arbeitsplatz verloren und sind dann, auf dem Weg zurück in ihre Heimat, verhungern.

Und – wie schaut es mit unserer Jugend aus? Welche Zukunftsaussichten ergeben sich? Wie stark leidet die Ausbildungsqualität durch den so lange anhaltenden „Lockdown"?

Übel 6: Gesundheit der Wirtschaft

Die Regierungen haben Programme zur Unterstützung von Firmen ausgedacht. Nach den Expertenschätzungen werden aber tausende Firmen diese Zeit nicht überleben – auch nicht durch staatliche Unterstützung. Das wahre Ausmaß der Vernichtung unserer Produktivität wird erst gegen Ende des Jahres 2021 – oder noch später – bekannt werden. Viele Firmen schlittern in den Konkurs und die Folgeschäden infolge der Unterbrechung der Lieferketten sind noch lange nicht abschätzbar.

Es gibt Stimmen, die befürchten, dass die großen Konzerne nur darauf warten, die in Konkurs geratenen Firmen zum Spottpreis aufkaufen zu können.

In vielen Firmen scheint die Arbeit derzeit normal weiterzulaufen. Aber da werden hauptsächlich noch bestehende Aufträge ausgeführt, doch für neue Aufträge bleiben die Auftragsbücher leer. Das bedeutet, dass es nach dem Abschluss der laufenden Projekte zum Stillstand in der Produktion kommen wird, und das sind – abhängig von den noch laufenden Projekten – einige Wochen oder höchstens zwei Jahre.

Übel 7: Gesundheit des Geldes

Zum Zeitpunkt der Veröffentlichung dieses Büchleins ist die Finanzwirtschaft möglicherweise schon zusammengebrochen. Man kann die Stabilität der Währung nicht durch Geld-Drucken erreichen. Das aber wird jetzt in unvorstellbarem Ausmaß gemacht. Es gibt dafür eine *„lustige"* Bezeichnung: *„Helikopter-Geld"*. Dieses Geld ist so viel wert, wie ein vom Hubschrauber abgeworfenes Falschgeld. Der Finanzexperte und Bestseller-Autor Markus Krall hat es so formuliert: *„Das Gelddrucken hat jetzt das Denken ersetzt."*

Das Geld verliert durch die ungedeckte Vermehrung immer mehr an Kaufkraft. Es kommt zu einer Deflation, gefolgt von einer Inflation und schließlich zum Crash. Es ist nicht mehr die Frage *„ob"* es zu einem Bankencrash kommt, sondern nur *„wann"* es soweit sein wird.

Wahrscheinlich geschieht der Crash über Nacht. Markus Krall kann dafür auch keinen genauen Zeitpunkt nennen, aber das Jahr 2021 bietet finanztechnisch dafür alle Voraussetzungen.

Markus Krall[44] ist überzeugt, dass der Schein trügt. Im Jahr 2020 gab es weniger Firmenpleiten als in den vorausgegangenen

---

[44] Markus Krall ist ein deutscher Volkswirt, Unternehmensberater und Autor.

Jahren. Dies war aber nur deshalb möglich, weil durch die Corona-Zuwendungen der Regierung auch marode Firmen noch am Leben erhalten wurden.

Die Frage: *„Warum merkt man noch nichts?"* beantwortet Markus Krall mit einem Vergleich aus der Medizin. Wenn Krebs nicht rechtzeitig behandelt wird, dann scheint es dem Patienten besser zu gehen als einem anderen, der nach einer Operation schon eine Krebstherapie erfährt. Der unbehandelte Krebs aber wächst *„unter der Decke"* rasch weiter und kann bei seinem vollen Ausbruch nicht mehr behandelt werden. Gelddrucken – so Krall – heißt, den Krebs unbehandelt wachsen zu lassen.

Ein vernünftiger Vorrat an Lebensmittel, einige Silber- oder Gold Münzen sind dann sicher von Vorteil. Über eine vernünftige Vorsorge kann man sich bei entsprechenden zivilen Institutionen oder Regierungsstellen erkundigen.

Da ich aber kein Vorsorge-Buch schreibe, sondern ein prophetisches Buch, soll dieser Hinweis genügen. [45]

Übel 8: Gesundheit der Demokratie

Die demokratisch gewählten Volksvertreter schlittern immer weiter Richtung Verordnungsstaat. Die freien Bürgerrechte werden bis in den Kernbereich beschnitten. Die persönliche Freiheit und Selbstverantwortung bleibt auf der Strecke – Ausgangsbeschränkung, Maskenpflicht, Abstandsregeln... – und alles unter Androhung von Strafen oder Benachteiligungen.

Ich empfinde die ständig sich ändernden Bestimmungen wie den Versuch einer *„Dressur"*.

---

[45] Deutschland:
https://www.bbk.bund.de/SharedDocs/Downloads/BBK/DE/Publikationen/Broschueren_Flyer/Buergerinformationen_A4/Checkliste_Ratgeber.pdf?__blob=publicationFile.
Österreich:
http://zivilschutzverband.at/media/file/11_Spar_Folder_V5.pdf.

Schon lange hat man dem Bürger die Selbstverantwortung entzogen und behandelt ihn zunehmend als Befehlsempfänger, der nicht nach seiner eigenen Überzeugung handeln darf, ja vielfach nichts hinterfragen darf. Das sind eigentlich die Methoden in einer Diktatur. Sollen wir dafür vorbereitet werden?

In Deutschland wurden bereits Drohnen getestet. Wie weit man damit die Abstandsregeln und anderes überprüfen kann. Das ist schon Überwachung pur!

Zusammenfassung

Wenn schon die „Corona-Stille" so viel Elend bringt und noch weiter bringen wird, was ist dann von jener Zeit zu erwarten, die nach der Stille kommt?

Im Hinblick auf die „Corona-Schäden" kann ich nur sagen: Ich will Euch nicht beunruhigen, aber macht euch auf das Ärgste gefasst!

Am 29.9.2020 bekam der Brasilianer Edson Glauber folgende Prophetie von der Gottesmutter Maria:

„Friede meine geliebten Kinder, Friede! Meine Kinder, ich, eure Mutter bin unermüdlich, und ich lade euch zum Gebet und zur Bekehrung ein. Bekennt euch zu Gott und dem Himmelreich, denn er allein kann euch Erlösung und ewiges Leben geben. Bleibt dem Ruf des Herrn gehorsam; seid Männer und Frauen, die mehr und mehr beten, um Wiedergutmachung für die Sünden der Welt zu erlangen.

Wacht auf! Ändert euer Leben! Hört auf meine Rufe, denn es könnte sein, dass ihr später nicht die gleiche Gnade und Gelegenheit habt, die Gott euch jetzt gibt.

Nehmt eure Rosenkränze und betet intensiv, denn diejenigen, die beten, werden wissen, wie man die Zeit schrecklicher Prüfungen aushält, ohne überwältigt zu werden und ohne den Glauben zu verlieren.

Glaubt, meine Kinder! Die Liebe Gottes kann die Welt vor großem Übel retten und euer Leben verändern. Betet, betet, betet, denn große Schmerzen und Verfolgungen werden sehr bald kommen. Glücklich werden alle sein, die immer in Gottes Gnade gelebt haben. Verändert euer Leben und kehrt zu Gott zurück. Ich segne euch alle: im Namen des Vaters, des Sohnes und des Hl. Geistes."

Jetzt erleben wir Einschränkungen in bisher ungeahntem Ausmaß, wir sind aber trotzdem noch in vielem frei und bewahrt vor Naturkatastrophen und Krieg.

Ich kann Euch auch (noch) unzensiert und wirklich frei schreiben. Beten wir, dass wir die kommende Zeit – gesund an Leib und Seele – überstehen.

Ende von Corona

Derzeit ist – wenn es nach den Medien geht – kein Ende von Corona in Sicht. Man spricht schon von x-ten Wellen, von immer mehr steigenden Fallzahlen... In Österreich gibt es Corona-Ampeln, die Mitte Oktober 2020 schon in vielen Gemeinden auf *„rot"* geschaltet wurden. Das bedeutet Quarantäne für die betroffenen Gebiete. Man bereitet uns vor, dass wir auch im Jahr 2021 mit Corona leben müssen.

Die freigehaltenen Intensivbetten sind nicht voll belegt und die sogenannten *„Fallzahlen"* verwirren, denn sie sagen nur, wieviel Menschen bei dem sogenannten PCR-Test *„positiv"* waren. Das heißt aber nicht, dass sie mit Corona infiziert sind! Der Test kann darüber gar keine Aussage machen – und er wird trotzdem angewendet.

Am 17.12.2020 berichtete der ORF, dass alle verstorbenen Personen, deren PCR-Test in einer Zeitspanne von vier Wochen vor ihrem Tod positiv war, als *„Corona-Tote"* gezählt werden. Dabei ist der PCR-Test, wie schon erwähnt, für diagnostische Zwecke ungeeignet!

Medial werden eigenartiger Weise immer nur die positiven Testergebnisse gemeldet, nicht aber der Prozentsatz der positiven Testungen. So sind 100 positive Ergebnisse bei 2000 Tests prozentuell mehr als 200 positive Ergebnisse bei 10.000 Tests. Im ersten Fall sind es 5% und im zweiten Fall nur 2%!

Österreich erlebte am 26.12.2020 seinen 3ten „Lockdown". Drei Wochen lang stand wieder alles still. Und wie war die Corona-Lage am 26.12.2020? Die Auslastung der Intensivbetten betrug 37,7%, die Belegung der Normalbetten war 29,9% und die Reproduktionszahl betrug 0,88%. Alle Werte waren rückläufig – und da kam der neue *„Lockdown"* – und er wurde am 17.1. verlängert!

Anselm Cohn und Team haben sich im Hinblick auf den Bevölkerungsschutz[46] mit dem Corona-Geschehen auseinandergesetzt und sind zu dem Ergebnis gekommen, dass das Corona- Virus SARS-CoV-2/COVID 19 zu keinem Zeitpunkt für die Bevölkerung in Deutschland bedrohlich gewesen sei! Die Maßnahmen waren nicht gerechtfertigt. Die Autoren der Studie kamen zu dem Schluss, dass in einer echten Pandemie vieles anders laufen würde. Man würde vor allem die Bevölkerung beruhigen, und alles vermeiden, was Ängste produzieren kann.

Alternative Medien und auch eine Reihe von Fachleuten fordern, einige Corona-Maßnahmen sofort einzustellen! Es gibt aber seltsamerweise keine öffentliche, sachliche Diskussion darüber. Da steht die Meinung der Politiker/Medien gegen die Meinung alternativer, kritischer Menschen. Die Spaltung geht durch alle Gesellschaftsschichten hindurch, vom Bürger bis zum Universitäts-

---

[46] Anselm Kohn, Epidemien als Bevölkerungsschutzlage – Mit dem Beispiel der Corona-Krise 2020.

professor. Und sehr schnell werden vom Mainstream abweichende Personen als *„Verschwörungstheoretiker"* diffamiert. Ich kann nur staunen!

Nachdem wir jetzt vor dem x-ten *„Lockdown"* stehen und die sogenannten *„Fallzahlen"* nicht geringer werden, drängt sich die Frage auf: Wodurch kann in dieser Situation Corona beendet werden? Für mich gibt es fünf Möglichkeiten:

Natürliches Ende

Ein natürliches Ende gibt es dann, wenn das Virus verschwindet, immer schwächer wird oder eine *„Herden-Immunität"* gegeben wäre. Dies scheint derzeit – vor allem weltweit – nicht realistisch zu sein. Im Gegenteil, im Dezember 2020 ist ein mutiertes Virus aufgetreten, das angeblich viel ansteckender ist, als das erste Virus. Und – solange man testet, wird man immer positive Testergebnisse erzielen. Vor so einer Entwicklung hat sogar der deutsche Gesundheitsminister Jens Spahn – der übrigens auch selbst positiv getestet wurde – noch vor Monaten gewarnt.

Der PCR-Test wird nämlich auf Grund seiner Ungenauigkeit immer auch positive Ergebnisse zeigen. Und außerdem bedeutet ein positives Ergebnis nicht unbedingt *„Corona"*. Der Test misst nämlich nur das Vorhandensein bestimmter Nukleinsäuren.

Denkwürdig ist, dass dieser Test im Jahr 2015 patentiert wurde – also schon vor Corona. Ein *„System und Verfahren zur Prüfung auf COVID-19"* wurde von Richard Rothschild bei einer niederländischen Regierungsorganisation registriert und patentiert.

Nur eine Stunde nach der Vereidigung des neuen amerikanischen Präsidenten Biden hat die WHO in einem Schreiben die Richtlinien für PCR-Tests geändert. Danach soll der sogenannte Ct-Wert unter 33 liegen. Höhere Ct-Werte ergeben bis 90% falsche Ergebnisse (werden aber meist durchgeführt). Wenn dies in den USA angewendet wird, dann gibt es ab der Präsidentschaft von

Biden nur mehr 90% weniger Infektionen als unter Trump. Außerdem hat die WHO verkündet: Ein PCR-Test ohne Symptome ist nutzlos. Man macht ja auch bei gesunden Menschen nicht regelmäßige Lungenröntgen.

Auf diesem Hintergrund überrascht und schockiert eine ORF-Meldung vom 5.2.2021: Auch die Betriebe können nun selbst regelmäßig PCR-Tests durchführen. Der Staat zahlt dem Betrieb pro Test 10 Euro. Gesundheitsminister Anschober geht es darum, das Netzwerk für die Tests *"noch einmal massiv auszubauen"*. Die ab Montag, 8.2.2021, geltenden Regeln für die Eintrittstests bei körpernahen Dienstleistern seien nur der *"erste Schritt von Zutrittstestungen in Österreich ... die ausgebaut werden"* sollen.

Da frage ich mich: Warum testet man nicht täglich auf Tuberkulose, Herpes, Aids...? Nein, das geht gar nicht, denn das ist – vor allem bei Aids – diskriminierend. Warum aber muss man vor dem Autofahren nicht seine Sehkraft oder seine Reaktionsgeschwindigkeit testen? Wenn da etwas schlechter geworden ist, werden sicher Menschenleben gefährdet. Und wenn Corona so gefährlich ist, warum wird nicht vorgeschrieben, dass man jedes Mal vor dem Verlassen des Hauses einen *"Eintrittstest"* in *"die Öffentlichkeit"* machen muss?

Der österreichische Gesundheitsminister Anschober kennt offenbar die neue Empfehlung der WHO über den Wert einer Covid-19-Diagnose nicht. Am 20.1.2021 verkündete die WHO, dass eine Diagnose Covid-19 ohne Symptome des Getesteten nutzlos sei! Ein symptomfreier Mensch, sei auch nach positivem Test für niemanden gefährlich!

Interessant ist eine Studie der Stanford-Universität vom 5.1.2021. Darin kamen die Autoren zu dem Schluss, dass die moderaten Maßnahmen von Schweden oder Südkorea denselben Effekt erzielten wie der *"Lockdown"* in vielen anderen Staaten.

Frankreich und Spanien zeigten trotz massivem *„Lockdown"* sogar signifikant schlechtere Ergebnisse.

Die Ereignisse – ich habe es schon geschrieben – überschlagen sich. Mitte Jänner 2021 meldete der amerikanische Fernsehsender wcvb.com, dass das FBI den Professor Charles Lieber verhaftet hat, der in engem Kontakt mit China und Wuhan stand. Er erhielt monatlich 50.000 Dollar zuzüglich weiterer Unterstützung, um China behilflich zu sein für einen BIO-Angriff mit Hilfe von Corona.

Ende durch Impfung

Auf dieses *„Ende"* der Pandemie setzen – interessanterweise von Anfang an – viele Politiker. Wenn man bedenkt, dass eine normale Grippe-Impfung maximal zu 30% vor einer Infektion schützt und die Zeit für die Entwicklung eines zuverlässigen Impfstoffes Jahre dauert, dann gäbe es lange keinen Impfstoff gegen Corona – außer man übergeht die Warnungen kompetenter Immunologen und *„peitscht"* eine Impfung trotz hoher Risiken und ohne ausreichende Tierversuche einfach durch.

Ich habe einen Zeichenwitz gesehen. Er zeigt zwei Mäuse im Gespräch. Sagt die eine Maus zur anderen: *„Lässt du dich impfen"?* Erwidert die andere: *„Nein, wo doch die Versuche an den Menschen noch laufen."*

Bei so ernsten Sachen tut eine Aufheiterung gut. Daher noch ein Zeichenwitz. Ein junger Mann bekommt gerade die Impfdosis in seinen Arm gespritzt. Auf seinem Arm steht *„100 Prozent Risiko"*, auf der Hand des Impfenden liest man *„0 % Risiko"*.

Am 6.10.2020 hat der bayerische Ministerpräsident Markus Söder beim virtuellen Bezirksparteitag der CSU in Oberpfalz (wörtlich) folgendes gesagt: *„Wie gehen wir mit denjenigen um, die sich* *nicht impfen lassen wollen, aber die[47] man mit dem Impfstoff auch vieles erlauben könnte – ein öffentliches Leben…"*

Kommt also der *„Impfzwang"* durch die Hintertür? Wer nicht geimpft ist, der darf vieles nicht im öffentlichen Leben? Impfgegner werden gekennzeichnet, wie einst die Juden?

Dazu passt ein Statement von Bill Gates, das am 14.10.2020 in *„Natural News"*[48] abgedruckt wurde: *„Bill Gates fordert religiöse Führer auf, ihre Gemeindemitglieder zu beeinflussen, damit sie sich gegen das Corona Virus impfen lassen."*

Außerdem wünscht er, dass Sozial-Media-Unternehmen Beiträge mit COVID-19-Skepsis zensurieren. Das erfolgt immer öfter!

Papst Franziskus ist diesem Aufruf offenbar gefolgt und sagte über den Impfstoff: *„Er sollte universal sein, für alle".* Papst Franziskus ist angeblich bereits geimpft worden.

Liebe Leser, sie können sich selbst ein Bild machen, ob die Aussage von Dr. Bhakdi stimmt, dass die Impfung auch für junge Menschen brandgefährlich ist. Dr. Bhakdi bietet über eine Seite im Goldegg-Verlag einen kostenlosen Download[49] zur Information an. Es sind nur 18 Seiten – gratis und vielleicht lebensrettend!

Dr. Bhakdi ist mit seiner Meinung aber nicht alleine. Die irische Immunologin und Molekularbiologin Prof. Dolores Cahill sagte im *„Corona-Untersuchungsausschuss"*[50], dass viele COVID-19-Geimpfte Monate nach der mRNA-Impfung sterben werden! Jeder, der gegen Corona geimpft wurde, ist fortan ein gentechnisch veränderter Organismus. Sie sagt: *„Die Öffentlichkeit muss vor der Impfung über die lebensgefährlichen Risiken der mRNA-Impfstoffe für Senioren aufgeklärt werden. Bei Tierversuchen starben*

---

[47] Es sollte wohl heißen: „denen man mit dem Impfstoff…". Söder wollte sagen, dass man jenen, die sich impfen lassen, vieles erlauben könne.

[48] http://FromRome.Info

[49] Ergänzung zur Impfung und Immunität: https://www.goldegg-verlag.com/titel/corona-fehlalarm/. Dann bitte Download anklicken.

[50] https://www.gloria.tv/post/gFDChXZX8D1z6ZUSFWbjSzwxG.

innerhalb eines Jahres 20% bis 50% der Tiere. Die Todesrate bei geimpften 85-jährigen Menschen wird bei 80% liegen."

Ende nach Gesellschaftsveränderung

Diese Variante *„riecht"* natürlich nach Verschwörungstheorie, die man früher *„kritische Sozialwissenschaft"*[51] nannte. Aber sollte es wirklich möglich sein, dass es Menschen gibt, die absichtlich eine Pandemie hervorgerufen haben, damit es zu einem allgemeinen Zusammenbruch der Gesellschaft kommt, um sie dann leicht zu verändern?

So abwegig ist der Gedanke nicht. Schon David Rockefeller hat – wie schon erwähnt – gesagt: *„Alles was wir benötigen, ist eine richtig große Krise, und die Nationen werden die Neue Weltordnung akzeptieren."*

Und in Amsterdam warnt die *„Frau aller Völker"* an zehn Stellen vor den *„falschen Propheten"*. Sie sagte: *„Wir stehen am Vorabend großer Entscheidungen. Wir stehen am Vorabend von schwerem Druck ... Der Geist der Unwahrheit, der Lüge und des Betrugs reißt viele mit."*[52]

In der 23. Botschaft vom 15.8.1950 spricht sie sogar davon, dass es Pläne zur Weltvernichtung gibt. Eine Stimme sagt der Seherin: *„Die Arbeiter und Planer der Weltvernichtung ... Christenheit, du kennst deine große Gefahr nicht. Es gibt einen Geist, der dich unterwandern möchte. Aber ... der Sieg ist unser."*

Es überfällt mich Schauder, wenn ich daran denke, dass in New York im Oktober 2019 das schon erwähnte *„Event 201"* stattfand. Es wurde von dem *„Johns Hopkins Center for Health Security"*, zusammen mit dem Weltwirtschaftsforum und der Bill & Melinda Gates Stiftung, durchgeführt. Und es war nichts anderes, als eine

---

[51] Formulierung von Prof. Max Otte.
[52] 44. Botschaft vom 8.12.1952.

Pandemie-Übung mit dem Namen „*Event 201*". Es gibt davon sogar ein Video.[53]

Man kann vom Weltwirtschaftsforum auch einige Schaubilder herunterladen, die die Ergebnisse dieser Simulation zeigen. Für mich ist das erste Schaubild, das den groben Ablauf der Pandemie beschreibt, am wichtigsten. Es wird dabei ein Kreisdiagramm gezeigt, das, ausgehend vom Auftreten einer Infektion alle möglichen Aktivitäten zeigt, bis am Ende der Epidemie eine Impfung zur Verfügung steht. Andere medizinische oder alternative Heilmethoden werden nicht erwähnt.

Der dargestellte Ablauf war folgendermaßen:
- Covid-19 Infektion tritt auf und breitet sich aus
- Die Antwort der Regierungen auf Covid-19
- Die Rolle der Medien während der Covid-19-Pandemie
- Die Covid-19 Auswirkungen auf den Finanzmarkt
- Die Covid-19 Auswirkungen im Reiseverkehr
- Die Covid-19 Auswirkungen im Handel
- Man findet einen Impfstoff gegen Covid-19

Wenn man in dem Kreisdiagramm eine der obigen Punkte anklickt, dann wird ein neues Kreisdiagramm geöffnet, das weitere Tätigkeiten für den gewählten Punkt anzeigt.

Unmittelbar nach Ende dieser Übung wurde aus der Übung ernst, und das Corona-Virus trat in Wuhan seinen Siegeszug an. Viele einflussreiche Personen aus der ganzen Welt (auch aus China) nahmen an der Übung in New York teil. Und nun, da es ernst wurde, wussten alle, was zu machen sei. Eigentlich ideal. Deshalb der Gleichklang der Corona-Maßnahmen weltweit.

Was hat das mit Gesellschaftsveränderung zu tun? Schauen

---

[53] https://www.youtube.com/watch?v=AoLw-Q8X174.

Sie unsere Gesellschaft heute und vor einem Jahr an – hat sich da etwas verändert? Ich meine, die Völker der Erde sind diszipliniert worden. Quarantäne ganzer Städte und Staaten, das war vor einem Jahr undenkbar!

Prof. Max Otte, der Leiter des Instituts für Vermögensentwicklung (IFVE) sagte, dass ein großer *„Reset" (Neustart)* unserer Gesellschaft stattfinden soll. Die Staaten planen das im Detail. Es gibt dazu mehrere Modelle. Unter anderem hat schon im Jahr 2010 die Rockefeller Stiftung eine Studie durchgeführt, bei der eine Virus-Pandemie simuliert wurde.

Das Ergebnis der Studie war, dass totalitäre Staaten wie China leichter durch die Pandemie kamen. Daher seien autoritären Strukturen nicht so schlecht.

Durch Angst ist die Bevölkerung leichter bereit, autoritäre Maßnahmen zu akzeptieren. Es soll alles *„schleichend"* geschehen, denn eine verängstigte Gesellschaft gibt ihre Freiheiten gerne auf. Und wir sehen bei Corona, dass ein Ende der Maßnahmen nicht so schnell in Sicht ist.

Die Menschen begreifen dies aber nicht. In der 31. Botschaft vom 15. 4.1951 sagt die Frau: *„Und nun zeigt mir die Frau die Welt, und es ist, als würden auf der ganzen Erdkugel Schlangen umherkriechen. Dann sagt sie: ‚Die Menschen begreifen noch immer nicht, wie schlimm es um die Welt bestellt ist'".* Dies gilt sicher für den Glauben – aber auch für die Gesellschaft.

Am 31.5.1955 sagt sie in der 51. Botschaft: *„Ich komme, um die Völker zu warnen. Satan ist noch nicht vertrieben. Völker seid gewarnt vor den falschen Propheten!"*

Man kann jedenfalls nicht 100%ig ausschließen, dass das Corona-Virus freigesetzt wurde, um die schon von Rockefeller erwartete Krise zu erzeugen und durch sie die Neue Weltordnung herbeizuführen.

Die Filmserie Utopia[54] aus dem Jahr 2013 ist beklemmend, denn darin wird eine Grippewelle als Grund für die Bereitstellung eines Impfstoffes geschildert. Dieser Impfstoff wurde in diesem Film allerdings eingesetzt, um einen Großteil der Menschheit zu sterilisieren. Heute scheint die Utopie Wirklichkeit zu werden. Es gibt eine Fülle von Hinweisen, die nahelegen, dass die *„Pandemie"* künstlich ausgelöst wurde, um eine Gesellschaftsveränderung einzuleiten.[55] Die Pandemie wäre dann zu Ende, wenn die Gesellschaft im Sinne der Betreiber verändert ist.

Die *„Lösung"* wird im *„Great Reset"*, dem großen *„Neustart"* bestehen. Dazu werden sich die mächtigsten Wirtschafts- und Finanzleute vom 25. - 28. Mai 2021 in Singapur[56] treffen, um darüber zu beraten, wie es in der Welt weitergehen soll. Diese Wirtschafts- und Finanzleute – wollen die Entwicklung der Welt, über die Köpfe der Bürger hinweg, planen – ohne demokratische Beauftragung.

Klaus Schwab schreibt in seinem Buch[57]: *„Ein Neustart ist eine ehrgeizige Aufgabe, vielleicht zu ehrgeizig, aber wir haben keine andere Wahl ..."* Und als ideologische Begründungen nennt er *„Klima-Wandel, Wirtschaftsreformen, Geschlechtergleichheit und LGBTQ-Recht"*. Beatrix von Storch fasst die Ziele des *„Great Reset"* in einem Artikel[58] zusammen und warnt: *„Diese Agenda ist eine Bedrohung für die Grundrechte, die Demokratie und die Soziale Marktwirtschaft. Sie ist in sich totalitär und freiheitsfeindlich. Wir müssen die Bürger darüber aufklären und ihre Umsetzung mit allen demokratischen Mitteln verhindern."*

---

[54] https://www.youtube.com/watch?v=19GsjYYMnLs&feature=youtu.be

[55] https://telegra.ph/Ultimativer-Beweis-Neue-Weltordnung-sollte-durch-Covid-19-einzug-halten-Teil1-10-07

[56] Es ist das erste Mal, dass der WEF-Kongress nicht in Davos/Schweiz stattfindet.

[57] Schwab Klaus & Malleret Thierry, Covid-19, Der große Umbruch, Forum publishing, 2020.

[58] Beatrix von Storch, Der Totalitarismus aus Davos: Was ist die Agenda des Great Reset? https://www.gloria.tv/ vom 12.2.2021.

Ende durch Unruhen – Bürgerkrieg

Irlmaier spricht von keiner Corona-Krise. Ich habe im Buch *„Bruder Jona, was nun?"* auf S 120 beschrieben, was Irlmaier sah: Er sah die *„fremden Leute"*, dann die Inflation und daraufhin die Revolution. Die *„fremden Leute"* sind schon da, die Inflation wird sich demnächst in voller Gewalt auswirken, denn ein Finanzcrash ist unausweichlich. Und dann kommt – vor dem Einfall der Russen – die Revolution.

Damit eine Revolution stattfindet, muss die Masse vorher erkannt haben, dass sie manipuliert und von der Politik und den Medien belogen wurde. So schnell sickert aber die Wahrheit nicht durch, denn die Mainstream-Medien sind fast zur Gänze in der Hand derer, die den *„Great Reset"* betreiben.

In den Feldpostbriefen[59] von Andreas Rill findet man die Stelle: *„Denn es kommt die ganze Lumperei auf und es geht wild zu in den Städten. Er sagte, man soll unter dieser Zeit kein Amt oder dergleichen annehmen, alles kommt an den Galgen oder wird unter der Haustür aufgehängt, wenn nicht an Fensterblöcke hin genagelt; denn die Wut unter den Leuten sei entsetzlich, denn da kommen Sachen auf, unmenschlich."*

Erkennen die Menschen, dass sie von der Politik manipuliert worden sind? Ist dies die Ursache der vorausgesagten Revolutionen? Denkbar wäre es. Wenn die volle Auswirkung der Corona-Krise sichtbar wird und man allgemein erkennt, dass die *„Maßnahmen"* eine politische (kriminelle) Aktion waren, dann ist der Volkszorn verständlich – auch wenn verschiedene Aktionen nicht christlich sind.

In Wien demonstrierten am 16.1.2021 nach Polizeiangaben 10.000, nach anderen Quellen bis zu 80.000 Menschen friedlich gegen die Corona-Maßnahmen der Regierung.

---

[59] Erster Feldpostbrief vom 24.8.1914.

Die Regierung agierte sichtlich unbesonnen, als sie die angesagten Demonstrationen für 31.1.2021 mit fadenscheinigen Argumenten einfach verbot. Das war ein sehr schwerer Eingriff in die Bürgerrechte.

Anfang 2021 konnten die Proteste noch im Zaum gehalten werden. Die Mainstream-Medien berichteten kaum darüber. Und wenn – dann nur negativ. Der Unmut aber wächst ununterbrochen. Es kursiert bereits der Slogan: *„Ich brauche neue Verschwörungstheorien, denn die alten sind wahr geworden!"*

Ende durch ein Eingreifen Gottes

Natürlich kann Gott jederzeit eingreifen und diesem Treiben ein Ende bereiten. Das kann von einem auf den anderen Tag geschehen. Ich persönlich halte es sogar für sehr wahrscheinlich, dass Gott selbst diese Corona-Krise beenden wird. Wie ich mir dieses Eingreifen vorstelle, beschreibe ich im nächsten Kapitel.

Peter Denk bringt regelmäßig Videos im YouTube unter DENKanstoss. In einem Interview hat er von der Vision einer Bekannten gesprochen, in der sie sah, wie ein riesiger Greifvogel auf die Erde zuflog. Es schien sehr gefährlich zu werden. Der Vogel wollte die ganze Erde mit seinen Krallen umgreifen, doch unmittelbar bevor er die Erde erreichte, wurden seine Beine abgehackt und zerfielen in Staub. Dieses Bild beschreibt sehr gut unsere Situation und gibt uns Hoffnung.

Wir stehen, so meine ich, vor dem Beginn der Zeitepoche des Heiligen Geistes – nach der Epoche des Vaters (von der Schöpfung bis zu Jesu Geburt), dem Zeitalter Jesu (von der Geburt Jesu bis heute)[60].

Die dritte Epoche, jene des Heiligen Geistes, beginnt jetzt – vor

---

[60] Ich erkläre diese Epochen im Unterkapitel *„Ein ganz besonderes Jahr"*.

unseren Augen. Daher wird Gott die Aktivitäten der antichristlichen Mächte zunichtemachen, bis die Zeit des biblischen Antichristen gekommen ist.

Warum ich so optimistisch bin?

Die Frau aller Völker sagt in der 51. Botschaft vom 31.5.1955. *„Es werden große Dinge geschehen. Ihr jungen Menschen, ihr werdet große Veränderungen erleben. Es ist die Frau aller Völker, die euch das sagt. Sie wird euch beschützen. Sie wird in dieser Zeit, ... in dieser Welt, über allen Völkern stehen als die Frau ... Wisset wohl, der Heilige Geist ist näher denn je. Der Heilige Geist kommt erst jetzt, wenn ihr darum betet. Von Anfang an war er schon. Nun also ist die Zeit gekommen. Die Welt weiß nicht mehr ein noch aus. Nun denn, Völker, vertraut auf eure Mutter, die doch ihre Kinder niemals verlassen hat."*

Erleuchtung des Gewissens

Corona und Garabandal

Ich wundere mich sehr, dass viele Gläubige, vor allem junge Menschen, von den Erscheinungen in Garabandal keine Ahnung haben.

Ich habe in meinen früheren Jona-Büchern schon ausführlich über Garabandal berichtet. Was aber hat Garabandal mit Corona zu tun? Im Grunde waren es Erscheinungen, die zu Umkehr und Buße aufgerufen haben. Maria hat vor allem für die ganze Welt eine *„Warnung"*, ein *„Wunder"* und wenn sich die Menschheit nicht bessert, eine *„Strafe"* angekündigt.

Die Warnung, so hat die Hauptseherin Conchita gesagt, wird ein *„astrales Phänomen"* sein, das alle sehen werden. Man wird in diesem Augenblick erkennen, in welchem Seelenzustand man sich im Lichte Gottes befindet. Es wird eine große Gnade sein, die Gott den Menschen gewährt. Wie ich schon geschrieben habe, deckt sich die sogenannte *„Warnung"* mit der Einleitung zum dritten Fatima-Geheimnis, wo sich die Menschen im Lichte Gottes, wie in einem Spiegel, erkennen. Diese kommende Warnung ist also – vor allem im Blick auf Fatima – sehr ernst zu nehmen.

Nun aber gibt es weitere interessante Aussagen Conchitas im Hinblick auf den Zeitpunkt der Warnung.

- Die Warnung würde sich kurz nach einer wichtigen Synode ereignen. Nachdem Conchita dies in der Zeit des II. Vatikanischen Konzils sagte, dachte man, sie meine ein neues Konzil. Conchita verneinte und sagte: Kein Konzil, etwas Ähnliches – ein kleines Konzil (eben eine Synode).

- Einmal sagte Conchita, die Warnung würde dann kommen, wenn es auf der ganzen Welt Terror gibt.

- Sie tat uns auch kund: *„Sie (die Warnung) wird dann kommen, wenn die Hl. Messe nicht mehr frei gefeiert werden kann; dann wird die Welt es am notwendigsten haben, dass Gott eingreift."*

Viele dachten, nur eine Herrschaft der Kommunisten könne der Grund für ein Verbot der Messen sein.

Doch Conchita weigerte sich, einen Grund zu nennen. Sie bestätigte nur: *„Es werde sehr schwierig werden, die Religion zu praktizieren; es werde für Priester sehr schwierig werden, die Messe zu lesen und für die Leute, die Türen der Kirchen zu öffnen, öffentliche Messen werden offensichtlich verboten werden."*

Heute ist die Aussage Conchitas fast Realität geworden. Weltweit ist es schwierig, normale Gottesdienste zu feiern – nicht wegen des Kommunismus, sondern wegen der Corona-Maßnahmen. Was der Kommunismus in 100 Jahren nicht erreicht hat, das schaffte Corona in wenigen Wochen! Solange es Einschränkungen durch Masken, Abstand oder der Form des Kommunionempfanges gibt, kann man nicht sagen, dass die Hl. Messe frei gefeiert werden kann!

Conchita hat auch Folgendes prophezeit:

- *„Wenn der Kommunismus aufs Neue wiederkommt, wird das alles kommen."* Nun muss man wissen, dass all die Corona-Maßnahmen radikale Eingriffe in das persönliche Leben darstellen, wie es bisher nur im Kommunismus üblich war. Der Kommunismus ist nicht verschwunden, sondern hat nur sein Erscheinungsbild verändert und ist durch die Hintertür eingedrungen. Ein Beispiel dafür ist Angela Merkel: Die passionierte junge SED-Politikerin im kommunistischen Ostdeutschland trat nach der Wende in die CDU ein und wurde Bundeskanzlerin. Kommunistische Methoden sind ihr nicht fremd!

- Hans Georg Maaßen, der ehemalige Präsident des Bundesamts für Verfassungsschutz in Deutschland, behauptet, dass sich heute der Kommunismus tarnt und in verschiedenen Bewegungen neu erwacht: Ökologismus, Klimaschutz, Antifaschismus... Es geht darum, die Massen dazu zu bringen, dass sie freiwillig das Denken aufgeben und freiwillig die Unfreiheit wählen. Gerade jetzt ist die Antifa (Antifaschismus-Bewegung) in Chile aktiv und zerstört Kirche um Kirche.

- Wenn der Papst von einer Reise nach Moskau zurückkehrt, werden die Verhältnisse anbrechen, die dazu führen, dass Gott eine Warnung schicken wird.

Nachdem der Papst alle Auslandsreisen für das Jahr 2021 abgesagt hat, ist der früheste Termin für eine Reise nach Moskau im Jahr 2022 möglich. Eingeladen ist der Papst schon lange. Wer weiß, was passiert?

Endet die Corona-Zeit mit der Warnung?

Die Warnung wird also dann kommen, wenn die Hl. Messe nicht mehr frei gefeiert werden kann. Dies ist jetzt in vielen Ländern der Fall. Es kann aber noch schlimmer werden, wenn die Regierungen einen neuerlichen x-ten „Lockdown" beschließen, vielleicht sogar für längere Zeit, z.B. für ein halbes Jahr.

Die bisherige Erfahrung hat gezeigt, dass die katholischen Bischöfe die Anordnungen der Regierung überproportional umsetzen. Ich muss es nochmals erwähnen: Kein Weihwasser, keine Mundkommunion, Maskenpflicht für Kirchenbesucher und Priester. Wo bleibt da das Vertrauen in Gott?

Warum gab es keinen Aufschrei, dass die Priester Kranke und sogar Sterbende nicht besuchen durften? Das hat mit „Schutz" nichts zu tun, das ist Terror! Und mitten in die Zeit des Terrors wird die Warnung kommen! So sagt es Conchita.

Aber Gott schenkt den Menschen einen Rettungsanker – die Warnung. Es ist leicht möglich, dass sich dieses Geschenk der Göttlichen Barmherzigkeit nach den 780 Tagen des Eucharistischen „Lockdowns" ereignen wird. Das wäre dann, wie schon erwähnt, im Frühjahr 2022.

Natürlich kann alles anders kommen. Gottes Pläne sind immer nur in Umrissen zu erahnen – aber – die Wahrscheinlichkeit ist groß, dass es so sein wird. Wenn die Hl. Eucharistie nicht mehr gefeiert werden kann, bzw. der Kommunismus wiederkommen wird, dann ist der Zeitpunkt des Eingreifens Gottes nahe.

Kardinal Müller hat in einem Interview eindringlich vor der kommunistischen Gefahr gewarnt. Er sagte: „Was Chinas kommunistische Führer ihrem eigenen Volk vorenthalten und dem Rest der Welt stehlen wollten, seien die Freiheit und Würde, auf die jeder einzelne Mensch von Natur aus Anspruch habe...

Der Reichtum Chinas, der Nationalstolz seiner Jugend und der Fleiß der Menschen dieser alten Hochkultur werden benutzt und *missbraucht, um das Ziel der kommunistischen Weltherrschaft zu erreichen – diesmal unter chinesischer Flagge "*[61].

Und alle Programme von WEF (Weltwirtschaftsforum), WHO (Weltgesundheitsorganisation) und UNO (Vereinte Nationen) zeigen leider immer mehr antidemokratische, kommunistische Züge. Das vom WEF einberufene Treffen in Singapur unter dem Titel *„The Great Reset"* soll einen gesellschaftlichen Neustart vorbereiten. Wir werden sehen, welche *„Freiheiten"* bei einem derartigen Treffen – ohne Gott – beschlossen werden.

Dieser *„Neustart"* soll natürlich global sein und digital erfolgen. Der deutsche Titel heißt: *„Der Große Neustart".*

Das alles hat aber mit Demokratie nichts mehr zu tun – es ist reine Diktatur. Das Teuflische dabei ist, dass unter dem Vorwand der Vorsorge und dem Schutz des Einzelnen, die Menschen entmündigt, überwacht und manipuliert werden können.

ABER – wenn der Kommunismus wiederkommt, wenn die Hl. Messe nicht mehr (frei) gefeiert werden kann und es auf der ganzen Welt Terror gibt, dann greift Gott ein und schickt die *„Warnung"*, die Erleuchtung des Gewissens.

Es wird dies die größte Gnade sein, die Gott der Welt je geschenkt hat – so Conchita. Wochenlang werden die Menschen vor den Beichtstühlen (die man erst wieder reaktivieren muss) Schlange stehen. Nachdem der erste Schock überstanden ist, werden einige *„Wissenschaftler"* behaupten, dass die Ereignisse im Zusammenhang mit der Warnung physikalisch erklärbar seien. Daraufhin kehren viele Menschen wieder zur ihrer üblichen Lebensart zurück.

Nach der Warnung wird es jedoch eine klare Trennung geben zwischen jenen, die glauben und den Ungläubigen. Dies wird natürlich zu weiteren bitteren Konflikten führen.

---

[61] Epoch Times; 6. Oktober 2020.

Aber das ist ja auch in Amsterdam speziell für die Amsterdamer Jahre vorhergesagt.

In der 45. Botschaft vom 20.3.1953 sagte die Frau: *„Schwerer Druck lastet über der Welt. Euer Feind lauert! Kirche von Rom, ergreife deine Chance. Der moderne Humanismus, Realismus, Sozialismus und Kommunismus; sie sind es, die die Welt in ihren Klauen halten.“*

Corona und das *„Ende der Zeit“*

Politiker sagen, dass wir zur alten Normalität nicht mehr zurückkehren können und es deshalb eine *„neue Normalität“* geben wird. Solche Aussagen hinterlassen einen bitteren Beigeschmack.

Angela Merkel hat am 17.10.2020 in Ihrer Radiobotschaft derart eindringlich davon gesprochen, dass man zu Hause bleiben und möglichst keine Kontakte haben soll. Es war wie die Warnung vor einem Luftangriff feindlicher Mächte. NUR! Man sah und hörte keine Bomber!

Es sei nun praktisch, so wird uns gesagt, das Ende unserer bisherigen Wohlstandszeit gekommen. Wir sind an ein Ende gelangt und viele sagen, die Zukunft wird anders sein. Man wird sprechen vor einer Zeit *„vor“* Corona und *„nach“* Corona.

In vielen esoterischen Gruppen spricht man schon 40 Jahre lang von einer *„Zeitenwende“*. Jetzt scheint sie mit Corona tatsächlich angebrochen zu sein.

Aber auch im christlichen Bereich gibt es ähnliche Formulierungen. In der 51. Botschaft von Amsterdam vom 31.5.1955 heißt es:

„Eure Mutter wird einen Trost aussprechen: Wenn die Zeit der Herrn Jesus Christus kommen wird, dann werdet ihr bemerken, dass falsche Propheten, Krieg, Zwietracht, Uneinigkeit verschwinden. Nun bricht die Zeit an. Das sagt euch die Frau aller Völker“.

Es kommt also eine neue Zeit! Nach Amsterdam kommt sie nach `54, nachdem das Dogma verkündet worden ist.

Pfarrer Handwercher sieht auch die Neue Zeit, und zwar nach der Niederlage des Teufels, die schon zu der zitierten *„frommen Jugend"* führte.

Schließlich spricht auch Conchita in Garabandal vom *„Ende der Zeit"*, das aber nicht das *„Ende der Welt"* ist.

Über diesen Punkt will ich nicht länger spekulieren, aber darauf aufmerksam machen, dass es offenbar genau jetzt so etwas wie eine Zeitenwende gibt. Das muss ja nicht ein Augenblick sein, das kann sich auch über einige Jahre erstrecken.

Am Ende dieser *„Zeitenwende"* wird, wie es in Fatima verheißen ist, das *„Unbefleckte Herz Mariens"* triumphieren. In Amsterdam heißt es in der 50. Botschaft vom 31.5.1954: *„Meine Weissagung: 'Von jetzt an werden alle Völker mich selig preisen' geht, wenn das Dogma ausgesprochen sein wird, noch mehr in Erfüllung, als je zuvor... Wenn das Dogma, das letzte Dogma in der marianischen Geschichte ausgesprochen ist, dann wird die Frau aller Völker der Welt den Frieden, den wahren Frieden schenken."*

Post Corona

Ich will alle Leser zum Durchhalten ermutigen. Es kommt zwar ziemlich sicher noch sehr schlimm, aber nach dieser Drangsal wartet eine schöne Zeit auf alle, die diese Jahre überstehen. Und – es gibt vor allem Hoffnung für unsere Jugend!

Nach meiner Interpretation ist die Zeit der Einschränkung der Messfeiern die *„Präfation"*, das Vorwort von dem, was danach kommt. Und danach überschlagen sich die Ereignisse! Das muss allerdings nicht heißen, dass dies nur Wochen oder Monate dauert – es kann und wird sich wahrscheinlich über Jahre hinziehen, bis der Regenbogen des Friedens leuchtet.

Sobald aber Corona durch die Warnung beendet sein wird, dann läuft alles wie schon beschrieben ab. Im letzten Buch *„Bruder Jona, was nun?"* habe ich versucht, die *„Amsterdamer Jahre"* zu deuten. Jetzt bleibt wahrscheinlich nur die letzte Variante übrig. Ich habe gehofft, es werde nicht so lange dauern, aber Friede im Jahr 2026 war für mich immer die wahrscheinlichste Variante. Ich glaube nicht, dass ich noch eine andere Erklärung finden muss.

Die Amsterdamer Jahre werden sich voraussichtlich in den kommenden Jahren – bis 2025 abspielen. Ich beschreibe nicht alles, man kann es ja im Buch *„Bruder Jona, was nun?"* [62] nachlesen. Im Jahr 2026 würde dann der von Don Bosco vorausgesagte Friede in einem Jahr mit zwei Vollmonden in einem Blütemonat, eintreffen.

Papst Franziskus ist offenbar derzeit nicht bereit, sich mit dem von der Frau aller Völker geforderten neuen Mariendogma *„Maria Mittlerin, Miterlöserin und Fürsprecherin"* zu beschäftigen.

Immerhin steht der Papst relativ positiv zu Medjugorje und vielleicht wird er in den nächsten Jahren auch irgendetwas tun, das im Zusammenhang mit Akita steht. Im Jahr 2023 ist der 50te Jahrestag der Erscheinungen von Akita.

Wie ich in meinen vorhergehenden Büchern [63] ausgeführt habe, wäre das ein Schlüssel zum Verständnis der `50, die zwischen *„dem Papst"* und *„der Frau"* steht. Dann kann man die sogenannten *„Amsterdamer Jahre"* zuordnen.

Aber es könnten noch andere Ereignisse geben, die zum Beginn der *„Amsterdamer Jahre",* dem Jahr `50 führen.

Eine gewisse Unsicherheit wird noch länger bestehen. Es ist auch gut, dass wir nicht alles *„wissen",* es würde uns überheblich machen. Ich glaube, wir wissen schon sehr viel und deshalb sollten wir eins tun: beten, beten, beten!

---

[62] Bruder Jona, „Bruder Jona, was nun", Wördern, 2019.
[63] Siehe Literaturverzeichnis.

Was geschieht in den USA?

Donald Trump ist in den Augen der europäischen Medien ein impulsiver und unberechenbarer Präsident gewesen. Man ist daher mit dem neuen Präsident Biden sehr zufrieden.

Ich schreibe diese Zeilen am 11. Februar 2021, nach der Vereidigung von Biden. Die neue Regierungsmannschaft wird einen anderen Kurs einschlagen. Biden, obwohl Katholik, bekennt sich zu vielen links-sozialistischen Ideen. Er ist für die Abtreibung und steht auch den Zielen einer NWO positiv gegenüber.

Die *„Frau aller Völker"* sagt am 31.12.1951 in der 38. Botschaft: *„Amerika, denk an deinen Glauben. Bringe keinen verkehrten Geist und keine Verwirrung unter deine Menschen und außerhalb."*

Die Stimmung in den USA ist angespannt. Viele sprechen sogar davon, dass die USA am Rande eines Bürgerkrieges stehe, denn der Vorwurf einer Wahlfälschung ist noch nicht *„vom Tisch"*.

Dies aber ändert nichts an den Amsterdamer Botschaften und an den Ereignissen die dort für Amerika angekündigt worden sind.

Mit – oder ohne Antichrist

Ich habe mich schon klar geoutet, dass ich nicht daran glaube, dass jetzt der Antichrist kommt. Aber – um ehrlich zu sein – wissen tue ich es nicht!

Ich habe auch geschrieben, dass die ganze Corona-Entwicklung nach einer Vorbereitung für den Antichristen aussieht. Fast alle Staaten der Erde sind gleichgeschaltet – fast alle wollen ihre Bevölkerung möglichst flächendeckend impfen lassen.

Die 5G-Netze werden überall ausgebaut. Damit scheint die Überwachung der gesamten Menschheit erstmals möglich zu sein. Maria, die Frau aller Völker, spricht diese Gefahren auch deutlich an. In den *„Eucharistischen Erlebnis"* vom 13.5.1967 schreibt Ida Peerdeman: *„Ich sah die Welt vor mir liegen und fühlte über ihr eine furchtbare Drohung. Ich schaute die Welt pechschwarz."*

Ja, es könnte natürlich auch jetzt der Antichrist kommen. Ich habe ja geschrieben, dass vieles dazu passen würde. Aber – was ist dann mit den Prophetien von Amsterdam, Garabandal, Akita, Fatima, La Salette? Was mit den weltlichen Prophetien vom 3.Weltkrieg. Und wann hätte die 3-tägige Finsternis Platz, die von vielen, u.a. dem hl. P. Pio, vorausgesagt wurde?

Käme der Antichrist aber wirklich jetzt, dann müsste es bald sein, denn 2026 kommt – davon bin ich fest überzeugt – der Regenbogen des Friedens und nicht das Weltenende.

Wie würden wohl die kommenden Jahre bei einem Auftreten des Antichrists ausschauen?

Im Zusammenhang mit der Corona-Krise beobachte ich eine weltweite Gleichschaltung in vielen Bereichen:

- Forcierung eines Impfstoffes.
- Beschränkung der Freiheitsrechte.
- Forderung eines direkten oder indirekten Impfzwanges.
- Gleichschaltung aller Medien.
- Bekämpfung abweichender Meinungen.
- Zunehmende Überwachung durch elektronische Geräte. (In Griechenland durfte man z.B. seine Wohnung nur mehr mit einer offiziellen Erlaubnis verlassen, die per SMS beantragt werden musste. Das entspricht einer elektronischen Fessel.)

Das noch niemals beobachtete Bemühen, möglichst die ganze Menschheit zu impfen, ist für mich sehr unheimlich. Erhält man mit der Impfung vielleicht doch im Geheimen ein *„elektronisches Bauteil"* verabreicht?

Und wird der „*Great Reset*" nach der Konferenz in Singapur im Mai 2021 beschlossen?

Natürlich könnte man dann versuchen, den großen „*Welterlöser*" zu präsentieren. Wäre es Klaus Schwab, der sein Leben lang in diese Richtung gearbeitet hat – oder Bill Gates – oder?

Diese Ideen sind nicht so abwegig, sie sind real und wären eigentlich die logische Fortsetzung der laufenden Prozesse.

Dieser neue „*Welterlöser*" könnte natürlich der prophezeite Antichrist sein. Er würde den Menschen alles versprechen, ihnen aber auch alles nehmen.

Wenn der Friede, der Triumph des Unbefleckten Herzens im Jahr 2026 stattfinden soll, dann hat der Antichrist vorher noch mindestens 3 ½ Jahre Zeit für sein abscheuliches Wirken. Möglicherweise würde er dann den Gottesdienst überhaupt weltweit verbieten. Das könnte alles geschehen, dafür wäre alles vorbereitet.

Ich schildere diese Möglichkeit, weil sie real ist. Es gibt auch eine Reihe von Sehern, die vom Auftreten des Antichrists sprechen und sein Auftreten für die unmittelbare Zukunft vorhersagen.

Mit der Abwahl von Präsident Trump ist außerdem die Chance für einen „*Erfolg*" des „*Great Reset*" stark gewachsen, denn nun ist die USA wieder in der WHO und diese ist eine Partnerschaft mit dem WEF von Klaus Schwab eingegangen.

Trotzdem glaube ich nicht daran. Ich habe schon geschrieben, warum. Aber sollte ich mich irren, dann seid gewarnt.

Amsterdamer Jahre

Und was ist nun mit den Amsterdamer Jahren? Wie schon gesagt, gibt es für mich derzeit nur mehr eine Möglichkeit für die Interpretation der „*Amsterdamer Jahre*".

Ich ging für die untenstehende Tabelle von der Prophetie Don Boscos aus, der den *„Regenbogen des Friedens"* sieht, bevor es in einem Blütenmonat zwei Vollmonde gibt – einen *„Blue Moon"* im Mai.

Der nächste *„Blue Moon"* ist erst im Mai 2026. Und vorher wird schon Friede sein. Don Bosco sagt nicht, wie lange vorher. Es könnte durchaus ein halbes Jahr vorher – also schon Ende 2025 Friede sein.

Ich habe jetzt für den wahrscheinlichsten Ablauf der Ereignisse eine einfachere Tabelle erstellt, als jene im letzten Buch. Die Tabelle ist zwar noch immer nicht 100%ig, ich nehme sie für mich aber sehr ernst.

War-nung-Wunder	Kalen-derjahr	Amster-damer Jahr	Ereignis	
Jederzeit - von heute bis vor dem Krieg	1973	50 zwischen der Frau und dem Papst	Erscheinung der Frau in Akita (kirchlich anerkannt). Akita steht mit Amsterdam in Verbindung	
	2023		Der Papst bezieht sich auf Akita – positiv oder auch negativ	
	2023	`51	Verfall des Glaubens, geistiger Kampf,	*All diese Ereignisse treten in den Jahren 2023 bis vor dem Krieg im Jahr 2025 in unterschiedlicher Stärke auf.*
	2024	`52	Gefahr für Rom, Naturkatastrophen Wirtschaftskrisen, politische Ereignisse, allgemeines Chaos, ...	
	2025	`53	Krieg : Voraussichtlich im Sommer 3-täg. Finsternis: im Herbst	
	2026	`54	Dogmenverkündigung; 31.5.2026 (Sonntag nach Pfingsten ... zweiter Vollmond im Mai) ... danach Friede	
	2027		Jetzt beginnt die große Weltaufgabe - Evangelisation	

Ein ganz besonderes Jahr

Das Jahr 2026 ist nicht irgendein Jahr, sondern ein außergewöhnlich bedeutendes Jahr. Warum?

Es gibt eine schöne Parabel, die auf der Dreifaltigkeit Gottes und dem zweiten Petrusbrief basiert.

- Der eine und einzige Gott *„Jahwe"* ist dreifaltig. Er ist Vater, Sohn und Hl. Geist. Für unsere Erde ist Gott-Vater der Schöpfer, Gott-Jesus der Erlöser und Gott-Hl. Geist der Vollender der Schöpfung.
- Die gesamte Schöpfung ist ein Abbild des dreifaltigen Gottes. Nur vier Beispiele:
  - ➢ Ein Mensch (Mann, Frau, Kind).
  - ➢ Ein Stoff (fest, flüssig, gasförmig).
  - ➢ Ein Raum (x, y, z).
  - ➢ Eine Zeit (Vergangenheit, Gegenwart, Zukunft).

Der Atomphysiker Philberth hat über die Dreiheit in der Schöpfung ein äußerst interessantes Buch geschrieben.[64]

- Nach dem ersten Buch Mose hat Gott die Welt in sechs Tagen erschaffen, und er ruhte am siebenten Tag (vgl.1 Mos 2,2). Im zweiten Petrusbrief lesen wir: *„...beim Herrn (ist) ein Tag wie tausend Jahre und tausend Jahre wie ein Tag" (2Petr 3,8).*
- Nun gibt es die Idee, die gesamte *„Weltzeit"* in drei Teile einzuteilen; einen Teil dem Vater, einen zweiten Teil dem Sohn und einen dritten Teil dem Hl. Geist zuzuordnen.
- Nachdem aber bei Gott ein Tag wie Tausend Jahre ist, hat man (apokryph und nicht naturwissenschaftlich) die Weltzeit so eingeteilt:

---

[64] Philberth Bernhard, Der Dreieine,1987.

- ➤ Zeitalter des Vaters: (4000 Jahre)
  Von der Schöpfung bis Jesus.
- ➤ Zeitalter des Sohnes: (2000 Jahre)
  Von der Erlösung bis zum *„Ende der Zeit"*.
- ➤ Zeitalter des Hl. Geistes: (1000 Jahre)
  Vom *„Ende der Zeit"* bis zum *„Ende der Welt"*

Insgesamt sind es dann von der Schöpfung bis zum Ende der Welt 7000 Jahre.

Die gerade beschriebene Einteilung der Weltzeit verstehe ich nur als Ergänzung am Rande. Es ist sicher eine schöne Parabel.

ABER – eines ist gewiss – und keine Parabel. Unser Erlöser Jesus Christus starb mit 33 Jahren am Kreuz und er hat durch sein Leiden und Sterben die Welt erlöst.

Jetzt aber kommt das Interessante. Unsere Zeitrechnung geht auf die Geburt Jesu zurück. Wir sagen, wir leben jetzt im Jahr 2021 nach Christi Geburt. Bei dieser Festlegung ist allerdings ein Fehler aufgetreten. Denn nach neueren Forschungen ist Jesus zwischen 7 und 4 Jahre früher geboren. Ich persönlich halte die Interpretation des Astronomie-Historikers Konradin Ferrari d'Oc-chieppo für richtig.

Dieser Astronom hat in mehreren Publikationen auf die bereits von Kepler bemerkte und sehr seltene dreifache Jupiter-Saturn-Konjunktion im Zeichen der Fische (Stern von Bethlehem) hinge-wiesen, die sich im Jahr 7 vor *„Christus"* ereignet hat (Dieselbe Konjunktion ereignete sich am 21.12.2020).

Wenn man dies berücksichtigt, dann starb Jesus nicht im Jahr 33 *„nach Christus"*, sondern im Jahr (33-7)=26 nach Christus. Zu Ostern 2026 wäre damit die wahre 2000-Jahr-Feier unserer Erlö-sung! Und am Sonntag nach Pfingsten, dem 31.Mai 2026, könnte das letzte Marianische Dogma verkündet werden! Dann wäre das Jubiläum der Erlösung komplett.

Harmagedon

Vor dem Triumph des *„Unbefleckten Herzens Mariens"* müssen wir jedoch durch die Trübsal und Drangsale unserer Zeit wandern. Wir stehen am Anfang dieser Ereignisse, die am drastischsten in der Botschaft von Akita beschrieben wurden[65].

Die dritte Botschaft vom 13.10.1973 beginnt mit den Worten: *„Wie ich dir schon früher gesagt habe, wird der himmlische Vater, wenn die Menschen nicht bereuen und sich nicht bessern, eine schreckliche Strafe über die ganze Menschheit verhängen; eine Strafe, die fürchterlicher sein wird als die Sintflut: eine Strafe, wie man sie noch nie erlebt hat".*

Diese Strafe wird wohl der dritte Weltkrieg mit der anschließenden dreitägigen Finsternis sein. Johannes beschreibt dies so: *„Die Geister führten die Könige an dem Ort zusammen, der auf Hebräisch Harmagedon heißt" (Offb 16,16).*

Das siebente Siegel

Vor dieser Schlacht in Harmagedon wird das siebente Siegel geöffnet, nach dessen Öffnung *„trat im Himmel Stille ein, etwa eine halbe Stunde lang" (Offb 8,1).* Wir erleben ein Vorspiel davon durch die verschiedenen *„Lockdowns".*

Wahrscheinlich werden uns noch weiteren Einschränkungen auferlegt. Nach dieser Stille erhalten sieben Engel ihre Posaunen. Bevor sie aber geblasen werden, kommt ein Engel mit einer goldenen Räucherpfanne, die mit den Gebeten der Heiligen und dem Räucherwerk gefüllt wird!

Ist es nicht so, dass genau jetzt viele Gläubige die Zeichen der Zeit erkennen und ihre Gebete verstärken? Und sie legen auch ihre Opfer in die Räucherpfanne, daunter die Einschränkungen bei der Feier der Sakramente.

---

[65] Bruder Jona, Geh nach Ninive, S 34ff, Wördern, 2014.

Das geschieht jetzt! Und der Engel bringt diese Pfanne vor den Thron Gottes. Der Weihrauch und die Gebete steigen zu Gott empor. Dies ist Gott wohlgefällig!

Dann aber geschieht es: Der Engel nimmt die Räucherpfanne, füllt sie mit glühenden Kohlen vom Altar und wirft sie auf die Erde. Da beginnt es zu donnern, zu dröhnen, zu blitzen und zu beben!

Daraufhin machen sich die sieben Engel bereit, die sieben Posaunen zu blasen. Die Ereignisse, die durch die Posaunen ausgelöst werden, kündigen das Gericht über die Bewohner der Erde an.

Unser Schlachtruf

Liebe Freunde, wir stehen mitten in diesem Kampf, der einem Höhepunkt zustrebt. Wir sind aufgerufen, mutig und aufrecht in diese Schlacht zu ziehen und nicht ängstlich daran zu denken, was uns passieren könnte.

Wenn wir uns auf die Seite der Engel stellen, werden wir von ihnen geführt und unsere konkrete Aufgabe erkennen.

In der französischen Revolution hieß der Schlachtruf *„egalité, fraternité, liberté!*[66]" Dieser Ruf brachte nur Tod und Verderben. Ich empfinde es als Tragik, dass dieser Spruch bis heute über dem Eingang jeder Schule und vieler Gebäude in Frankreich steht. *„Gleichheit, Brüderlichkeit, Freiheit"* – diese Begriffe lassen sich nie harmonisch vereinen, denn wahre Freiheit widerspricht dem Begriff der Gleichheit. In unserem Wert als Mensch – vor allem vor Gott – sind wir natürlich gleich. Doch das Wort *„egalité"* (Gleichheit) hat den Beigeschmack einer *„kommunistischen"* Gleichheit, bei der die Freiheit unter die Räder kommt.

Unser *„Schlachtruf"* muss lauten *„Glaube, Hoffnung, Liebe"*! Paulus zeigt uns in 1Kor 12,31-13,13 einen *„überragenden Weg"*

---

[66] „egalité, fraternité, liberté" bedeutet übersetzt: „Gleichheit, Brüderlichkeit, Freiheit".

um die höchsten Gnadengaben zu erhalten: Es ist der *„Weg der Liebe"*. Wenn in der Welt und unter den Völkern die Lüge und der Hass regieren, dann brauchen wir die höchsten Gnadengaben, damit wir der Lüge die Wahrheit und dem Hass die Liebe entgegensetzen können.

Die *„Frau aller Völker"* weist in der 8. Botschaft vom 25.2.1946 auf drei Worte hin: *„Glaube, Wahrheit, Liebe"*. Auch dieser *„Schlachtruf"* vertreibt den Teufel. Und darum geht es! Wir müssen uns in Zukunft noch intensiver bemühen, den Glauben, die Hoffnung (Wahrheit) und die Liebe zu leben! Das sind unsere *„Waffen"*!

Weder im derzeitigen noch im kommenden Schlachtgetümmel müssen wir jemanden von unserem Geheimnis überzeug. Es genügt, dass wir diese *„Geheim-Waffen"* einsetzen und dadurch Zeugen sind!

Liebe Freunde, wenn wir mit diesen Waffen *„kämpfen"*, werden wir am Ende auf jeden Fall siegreich sein, auch wenn es uns das irdische Leben kosten sollte. Denkt an das Wort Jesu: *„Wer aber bis zum Ende standhaft bleibt, der wird gerettet werden"* (Mt 24,13).

Unsere Strategie

Himmlische Waffen

Wer in den Krieg zieht, wird mit den besten Waffen kämpfen wollen. Als das österreichische Heer 1866 im Krieg von Königgrätz mit Vorderlader-Gewehren gegen das deutsche Heer mit Zündnadelgewehren kämpfte, verloren sie den Krieg, da die Schussfolge der Österreicher nur halb so groß war wie jene der Deutschen.

Wir müssen daher in unserem Kampf zu den besten und erprobtesten *„Waffen"* greifen. Zu den *„himmlische Waffen"*, auf die uns Maria, unsere Fürsprecherin, in allen ihren Erscheinungen aufmerksam gemacht und ans Herz gelegt hat, gehören Gebet und Opfer – vor allem das Rosenkranzgebet.

Schon in der ersten Erscheinung der *„Frau aller Völker"* am 25.3.1945 sagt sie im Hinblick auf das Ende des 2ten Weltkrieges: *„Dem ist es zu verdanken (dem Rosenkranz); aber ausharren (im Rosenkranzgebet) ... Das Gebet muss verbreitet werden."* Und in der 5ten Erscheinung, am 7.10.1945, erscheint Maria mit dem Rosenkranz und sagt: *„Weiterbeten – die ganze Welt."*

Es beeindruckt mich immer wieder das Bild, als nach dem Zweiten Weltkrieg der österreichische Bundeskanzler Raab mit seinem Außenminister Figl und Tausenden Menschen betend über die Wiener Ringstraße zogen, um den Staatsvertrag für Österreich zu erbeten. Gegen alle Erwartungen wurde das Gebet 1955 erhört. Durch vertrauensvolles Gebet können wir alles erreichen!

Unterscheidung der Geister

Einem Krieger nützen die besten Waffen nichts, wenn er nicht Freund und Feind voneinander unterscheiden kann. In dieser kommenden turbulenten Zeit wird es noch wichtiger, intensiv um die Unterscheidung der Geister zu beten: Wer ist für Gott und wer ist gegen Gott? Diese Unterscheidung wird offenbar immer schwieriger, denn der *„Geist des Antichrists"* lebt vom Tarnen und Täuschen. In der Flut der Informationen kann man nur mit der Gabe der *„Unterscheidung der Geister"* zu richtigen Entscheidungen kommen.

Ja, die Verwirrung wird so groß sein, dass niemand mehr klar sieht. Deshalb sagt Jesus im Hinblick auf unsere Zeit: *„Und wenn jene Tage nicht verkürzt würden, dann würde kein Mensch gerettet; doch um der Auserwählten willen werden jene Tage verkürzt werden"* (Mt 24,22).

Wir müssen um die Unterscheidung der Geister beten, denn Jesus warnt uns: *„Wenn dann jemand zu euch sagt: Seht, hier ist* *der Christus! oder: Da ist er!, so glaubt es nicht! Denn es wird mancher falsche Christus und mancher falsche Prophet auftreten und sie werden große Zeichen und Wunder wirken, um, wenn möglich, auch die Auserwählten irrezuführen" (Mt 24,23-24).*

Wenn wir um die Gabe der Unterscheidung beten, wird Gott uns so führen, dass wir die richtige Entscheidung treffen.

Ein „langer Atem"

Wenn ich belagert werde, die besten Waffen besitze und auch meinen Feind kenne, so könnte mir doch etwas Entscheidendes fehlen – der *„lange Atem!"*

Was meine ich damit? Wenn im Mittelalter eine Burg belagert wurde, dann hatten die Bewohner der Burg nur dann eine Chance, wenn sie genug Vorräte hatten. Gingen die Vorräte zur Neige, dann erlahmte der Widerstandswille und sie ergaben sich.

Die ersten und wichtigsten *„Vorräte"* habe ich schon angesprochen: Es ist das geistliche Leben, es sind unsere Gebete und Opfer. Wir benötigen aber zum Leben auch Materielles: Wasser, Nahrung, Kleidung...

Natürlich kann Gott auch bescheidene Vorräte vermehren, aber er kann uns auch daran erinnern, dass wir wie die klugen Jungfrauen handeln sollen, die das Öl für ihre Lampen zur rechten Zeit besorgten.

Es ist also nicht unchristlich, in vernünftiger Weise auch für eine Notzeit vorzusorgen – wenn man die Möglichkeit hat. Wenn wir wissen, dass schlechte Zeiten kommen und nicht vorsorgen, dann sind wir fahrlässig. Ich zeige das mit einer kleinen Geschichte.

Ein frommer Pfarrer fiel in eine Kalkgrube und konnte sich selbst nicht befreien. Da kam die Feuerwehr vorbei und sah den Pfarrer. *„Können wir Ihnen helfen?"*, fragte der Kommandant.

Nach einer Stunde kam die Feuerwehr wieder vorbei – vom Pfarrer schaute nur mehr der Kopf heraus. Wieder kam die Frage: *„Können wir Ihnen helfen?"* Die Antwort des Pfarrers war auch dieselbe: *„Nein, danke, Gott wird mir helfen".* Als die Feuerwehr zum dritten Mal vorbeifuhr, war der Pfarrer verschwunden.

Er war versunken und verstorben und kam direkt in den Himmel. Sofort fragte der Pfarrer den hl. Petrus, der ihn erwartete: *„Ich bin sehr enttäuscht, denn ich habe so vertraut, dass mir der Himmel helfen wird."* Da antwortete der hl. Petrus: *„Lieber Freund, warum glaubst Du, haben wir dir zweimal die Feuerwehr geschickt?"*

Ich hoffe, die Parabel zeigt die Spannung zwischen Vertrauen und Eigenverantwortung gut auf. Daher sollte man – ich sage es wieder – im Rahmen seiner Möglichkeiten sich auch materiell für die kommenden Zeiten vorbereiten.

Der von mir schon erwähnte Herr Prof. Klaus Schwab hat in einem Kurzvideo mit eiserner Mine und barschem Ton davon gesprochen, dass eine geplante Cyber-Attacke[67] einen Zusammenbruch der gesamten Infrastruktur bringen wird, die viel gravierender sein werde, als die Corona-Krise.

Wenn dieser Mann, der den *„Great Reset"* plant, von so einem Szenario spricht, dann müsste man spätestens jetzt erkennen, dass eine Mindestvorsorge an lebenswichtigen Gütern – Nahrung und Wasser – in jedem Haushalt erforderlich ist. (Mindestens 3 Wochen). Sollte durch diese Attacke z.B. eine Lebensmittelkette betroffen sein, dann gibt es aus rein logistischen Gründen einige Tage lang keinerlei Versorgung. Es bricht alles zusammen, was EDV-unterstützt arbeitet – und das betrifft praktisch alles! Versucht also, einen *„langen Atem"* zu haben.

---

67 Eine Cyberattacke oder ein Cyberangriff ist der gezielte Angriff auf größere, für eine spezifische Infrastruktur wichtige Rechnernetze von außen.

Träume unter dem Rizinusstrauch

Liebe Freunde, jetzt habe ich mich wieder unter meinem Rizinusstrauch niedergelassen. Mein Blick schweift über Ninive, die große Stadt, die still vor mir liegt. Es ist, als ob es eine Ausgangssperre rund um die Uhr gäbe. Ich sehe noch immer die schon am Anfang des Buches erwähnten Rauchsignale. Sie werden immer intensiver – und ich schlafe ein.

Es scheint mir, dass die Zeit im Zeitraffer vergeht. Undeutlich erkenne ich, dass die Menschen wieder aus ihren Häusern herauskommen. Es muss ein besonderes Ereignis gewesen sein, das sie alle aufgeschreckt hat. Die Kirchen füllen sich wieder und es scheint, als ob die Menschen umgekehrt wären ... Doch nach kurzer Zeit verschwindet alles erneut im Nebel und ich ahne, dass die Welt wieder in die Gottlosigkeit zurückgefallen ist. Die Natur bäumt sich auf, die Menschen fluchen und bekriegen einander ... bis die ganze Erde drei Tage und drei Nächte in tiefe Nacht versinkt.

Nach der dritten Nacht wird plötzlich alles hell. Die Menschen kommen aus ihren Verstecken hervor und sehen die Vernichtung. Es gibt viele Tote, die man in großen Gruben begräbt. Am Samstagabend ist die Trauerfeier beendet. Müde sinken alle in den Schlaf. Die Sonne geht am Morgen des ersten Sonntags nach der Finsternis im Westen auf. Das Klima ist mild.

Die Kirche des Dorfes ist unversehrt und alle Überlebenden – es sind nur mehr wenige –, versammeln sich zum Gottesdienst. Der Priester beginnt mit einem Lobgesang und alle: Alt und Jung stimmen mit ein. Auch jene mit gutem Herzen und ehemals kleinem Glauben sind dabei. Sie suchen Menschen, die ihnen von Jesus erzählen können, denn alle haben in den letzten Tagen erkannt: Gott existiert und er hat die Erde gereinigt.

Das Leben ist einfacher geworden. Keine Zerstreuung durch Handy, Internet und Fernsehen. Vor jeder Arbeit wird gebetet, damit sie gut gelingt. Die Bürger organisieren sich und wählen Älteste mit Glauben und Können in einen Senat. Es gibt keine Parteien mehr, denn alle gehören zur Kirche. Die Beschlüsse werden einstimmig gefällt und von allen Bürgern mitgetragen.

Das vorhandene Wissen wird klug eingesetzt und bald sind die wichtigsten Geräte wieder benutzbar. Selbst Traktoren laufen wieder. In den Betrieben wird nicht nur nach Profit gefertigt. Es werden keine unnötigen Produkte erzeugt. Was man produziert, ist sehr einfach, aber möglichst vollkommen.

Von Deutschland aus beginnt eine große Mission in aller Welt. Das Dogma der Frau aller Völker wird verkündet und kurz darauf stirbt der *„Greis im Silberhaar"*, der dieses Dogma vor dem Ende seines Lebens noch verkündet hat.

Die Kirche erlebt einen ungeahnten Aufschwung. Alle Konfessionen vereinen sich und niemand kann dieser Glaubenslehre widerstehen.

In Rom füllt sich der Petersplatz und viele Märtyrer und Bekenner der *„alten Zeit"* werden von einem neuen, jungen Papst nach einem sehr kurzen *„Prozess"* heiliggesprochen.

Der zerbrochene Obelisk am Petersplatz kommt in ein Museum. An seiner Stelle errichtet man eine gleichgroße Statue des hl. Erzengels Michael, die man innen begehen kann.

Der Papst erlässt ein Dekret, nachdem bewährte Männer nach einer intensiven einjährigen pastoralen Ausbildung zum *„Herz-Jesu-Priester"* geweiht werden können.

Der zölibatäre Stand wird in Ehren gehalten und viele junge Menschen – Burschen und Mädchen – ersuchen um Aufnahme in die reformierten Klöster, um ein geweihtes Leben führen zu können.

Beim Angelus höre ich noch das Gebet der Frau aller Völker. Man betet wieder, wie es die *„Frau aller Völker"* gewünscht hatte, *„die einst Maria war"*. Die Menschen jubeln und schwingen blaue Tücher. Alle Pilger knien nieder und der Papst erteilt ihnen den eucharistischen Segen.

Dann verhüllt Weihrauch meine Sicht und ich höre eine Stimme rufen: *„Friede bis zu den letzten Zeiten!"*. Ich habe keinen Zeitbegriff: sind es 20 oder 1000 Jahre. In dieser Zeit wird Jesus in der Eucharistie in besonderer Weise für alle Menschen erfahrbar sein. Es ereignet sich ein neues Pfingsten, denn die Menschen öffnen sich alle für die Gaben des Heiligen Geistes. Ausgerüstet mit diesen Gaben, gewinnen die Missionare alle Völker für Christus.

Es ist der Triumph des Unbefleckten Herzens Mariae, der nur mehr in der kurzen Zeit des Antichristen – vor der endgültigen Wiederkunft Christi – unterbrochen sein wird, um dann ewig anzudauern.

Der Weihrauch wird dichter, das Tedeum leiser und ich erwache aus meinem Schlaf. Ich reibe mir die Augen und schaue verwundert auf Ninive, wo noch immer Rausignale aufsteigen.

Wie lange noch?
Euer Bruder Jona

Brace yourself

In einem amerikanischen Zukunftsvideo hat der Redner, ein Pastor, immer wieder eindringlich gesagt: *„brace yourself, brace yourself!"*

Ich kannte diese Redewendung nicht und suchte, was dies zu bedeuten hätte. Schließlich fand ich folgende Antworten.

„Brace yourself" kann bedeuten:
Halte dich fest, mach dich auf was gefasst, gürte deine Lenden, wappne dich, mach dich bereit, reiß dich zusammen.

Am meisten spricht mich die Übersetzung an: *„Mach dich bereit"*. Dies klingt mir immer noch in meinen Ohren!

Es ist sehr wichtig! Wir sollen uns bereithalten durch Umkehr und Gebet – vor allem den Rosenkranz – und ein eucharistisches Leben! Das wird in allen himmlischen Erscheinungen gefordert. Ich kann es nicht genügend oft wiederholen.

Selbst wenn wir alle geschilderten Ereignisse nicht mehr erlebten, sollten wir uns bereitmachen; denn niemand kennt Tag und Stunde seiner persönlichen Begegnung mit den Herrn.

Deshalb rufe ich in dieser Corona- Zeit alle auf:

Brace yourself!
Mache dich bereit!
Sei wachsam!

Mark Twain hat schon geschrieben:

*„Es ist leichter
die Menschen zu täuschen,
als sie davon zu überzeugen,
dass sie getäuscht worden sind!"*

Kirchliche Prophetie

„Vor dem Kommen Christi muss die Kirche eine letzte Prüfung durchmachen, die den Glauben vieler erschüttern wird. Die Verfolgung, die ihre Pilgerschaft auf Erden begleitet, wird das ‚Mysterium der Bosheit' enthüllen: Ein religiöser Lügenwahn bringt den Menschen um den Preis ihres Abfalls von der Wahrheit eine Scheinlösung ihrer Probleme."[68]

„Wir stehen jetzt vor der größten Konfrontation, die die Menschheit in ihrer Geschichte jemals erlebt hat ... Wir stehen jetzt vor dem Endkampf zwischen der Kirche und der Anti-Kirche, zwischen dem Evangelium und dem Anti-Evangelium, zwischen Christus und dem Antichrist. Diese Konfrontation liegt in den Plänen der göttlichen Vorsehung. Deshalb ist sie in Gottes Plan, und es muss ein Kampf sein, den die Kirche aufnimmt und tapfer bestreitet."[69]

„Wir müssen uns wohl in Bälde auf große Prüfungen gefasst machen. Ja, die sogar den Einsatz unseres Lebens fordern können und die Ganzhingabe an Christus und für Christus! Es kann gemildert werden durch euer und unser Gebet, aber nicht mehr abgewendet werden. Nur so kann die wirkliche Erneuerung der Kirche kommen. Wie oft schon wurde im Blut die Erneuerung der Kirche geboren. Nicht anders wird es auch diesmal geschehen. Seien wir stark und bereiten wir uns vor und vertrauen wir auf Christus und seine Heilige Mutter! Beten wir sehr viel und oft den Rosenkranz!"[70]

---

[68] Katechismus der Katholischen Kirche, 675.
[69] John-Henry Westen, „Two timely quotes from St. John Paul II on his feast day", in: LifeSiteNews, 22. Oktober 2014; The Wall Street Journal, 9. November 1978.
[70] Papst JPII. in Fulda, 1980, Stimme des Glaubens, Oktober 1981.

Anhang

Botschaft an Luz de Maria vom 28. Januar 2020

Geliebte Kinder Meines Unbefleckten Herzens: Ich trage euch in Meinem mütterlichen Herzen. Ein jeder von euch ist besonders für Mich und Ich möchte nicht, dass auch nur einer von euch in der Verwirrung, die ihr und die Kirche Meines Sohnes erlebt, verloren geht.

Jeder von euch muss als Teil des mystischen Leibes einen tiefen Glauben besitzen. Jeder Einzelne von euch muss seinen Glauben stärken und in Einheit mit Meinem Sohn leben.

Ihr seid das Volk Meines Sohnes, deshalb müsst ihr eure Stellung halten und in Bewegung bleiben, (vgl. Ex 13,21). Ihr müsst den Willen Gottes erfüllen und euch muss bewusst sein, dass ihr euch nicht dem Blick Meines Sohnes entziehen könnt (vgl. Jer 23,24).

Dies ist die Zeit des Leidens für das Volk Meines Sohnes. Der Glaube wird auf die Probe gestellt werden, deshalb darf er nicht lau sein (Offb 3,15-16). Ihr könnt nicht mit eurem Mund verkünden, dass ihr Meinen Sohn liebt und mit eurem Geist aber anderen Dingen nachgehen; ihr könnt nicht mit einer Hand Meinen Sohn preisen und mit der anderen andere Dinge tun; ihr müsst ihn mit beiden Händen lobpreisen. Ihr müsst Meinen Sohn lieben, mit ganzem Herzen, all euren Kräften und eurem ganzen Verstand.

Das Volk Meines Sohnes wird einer schwierigen Prüfung unterzogen werden, damit das, was tief in eurem Innersten, in euren Gedanken und eurem Verstand steckt, zum Vorschein kommt. Hierauf wird jeder nur mit Wahrheit, Lauheit oder Abweisung reagieren können.

Es sind schwere Zeiten die da kommen für Meine Kinder. Das Volk Meines Sohnes wird verfolgt werden von denen, die Meinen Sohn nicht lieben, aber auch von manchen, die Teil des Volkes Gottes sind, aber die Neuheiten hinterherlaufen und die Tradition und die gesunde Lehre vergessen haben. In all der Verwirrung wird ein jeder jeden verfolgen. Ich ermahne euch Meine Kinder: Baut euch keine Luftschlösser, denn ihr habt die Lehre der Kirche und an dieser müsst ihr festhalten.

Meine lieben Kinder, es ist sehr wichtig, dass ihr genügend spirituell vorbereitet seid, denn nur so könnt ihr euch gegenseitig in dem Ausmaß im Glauben unterstützen, dessen es der Menschheit bedarf.

Ihr müsst nicht nur untereinander den Frieden bewahren, sondern auch in euren Häusern und überall wo ihr euch aufhaltet. Ohne den Frieden seid ihr leichte Beute für die Hinterlist des Satans.

Ihr müsst verstehen, in welchen Zeiten ihr lebt und euch eurer Taten und Werke bewusst sein; denn nichts entgeht den Augen Gottes (vgl. Hebr 4,13).

Meine Kinder wissen sehr gut, dass die Regierenden dieser Welt stets geheim halten, was sie eigentlich planen, und genau deshalb dürft ihr jetzt nicht so leben als sei nichts. Ernährt euch gesund, damit euer Körper nicht befallen wird von den Krankheiten, vor denen Ich euch bereits gewarnt habe.

Verheerende Seuchen und Krankheiten, die durch unbekannte Viren hervorgerufen werden, breiten sich auf der Erde aus. Falls diese hochansteckende Krankheit unter euch ausbricht, **benutzt das Öl des Barmherzigen Samariters als Schutz und wendet es folgendermaßen an: Benetzt eure Ohrläppchen mit einem Tropfen dieses Öls.** Falls die Zahl der Infizierten um euch herum steigt, müsst ihr das Öl auf beiden Seiten eures Halses und euren Handgelenken auftragen.

Meine Kinder; die Unterwerfung der Regierungen durch die Neue-Welt-Ordnung bringt nichts Gutes für euch, im Gegenteil, diese Ordnung ist gegen die Menschheit.

Die Erde bebt weiterhin und kein Land ist vor Leid und Not sicher, bereitet euch also mit dem Nötigsten darauf vor. Die Vulkane erwachen und Meine Kinder leiden. Die Menschheit muss sich auf große Veränderungen gefasst machen, denn ein Land nach dem anderen wird leiden und die Länder werden sich nicht mehr gegenseitig helfen können, wenn alle gleich betroffen sind.

Rettet eure Seelen, Meine geliebten Kinder Meines Unbefleckten Herzens. Rettet eure Seelen. Seid bereit in Unseren Heiligsten Herzen Schutz zu suchen. Ein jeder von euch muss sein Haus in einen Hort der Liebe verwandeln, damit das Böse ihn nicht angreifen kann.

Einige Meiner Kinder haben sich bereit erklärt, Zufluchten für ihre Brüder herzurichten, deshalb sorgt euch nicht und habt keine Angst, denn Mein Sohn wird euch helfen diese Zufluchten zu erreichen oder Er wird in euren Häusern für euch sorgen.

Jeder von euch soll danach streben, ein wahrer Tempel des Heiligen Geistes Gottes zu werden, ein Bote der Liebe Gottes und des Göttlichen Friedens; das Übrige wird euch dazugegeben werden.

Der Himmel bittet euch, an eurer Bekehrung festzuhalten und sie immer wieder zu erneuern.

- Wenn ihr vereint seid und das befolgt, was Ich euch mit Erlaubnis Meines Sohnes übermittle, ist der Weg leichter.

- Ihr seid das Volk Gottes und die Hochheilige Dreifaltigkeit liebt euch. Diese Mutter segnet und liebt euch; deshalb dürft ihr weder wanken noch verzweifeln, glaubt nur!

- An erster Stelle sei der Glaube, Meine Kinder. Vor allem stehe der Glaube, denn ohne Glauben ist der Mensch nichts.

- Ihr seid das Volk Meines Sohnes und wenn ihr gehorsame Kinder seid und den Willen Gottes befolgt, ist der Schutz Gottes stets mit euch. Habt keine Angst Meine Kinder, Ich bedecke euch mit Meinem Mantel.

Ich segne euch!
Mutter Maria

Öl des Barmherzigen Samariters

Zutaten:

5 reine ätherische Öle + 1 Basis-Öl

Ätherische Öle:

* Zimtöl
* Gewürznelkenöl
* Zitronenöl
* Rosmarinöl
* Eukalyptusöl

Das Basis-Öl kann Olivenöl, Mandelöl oder Traubenkernöl sein. Das Mischverhältnis sollte 1:5 sein (1 Einheit ätherisches Öl zu 5 Einheiten des Basis-Öls).

Zubereitung:

Man mische die 5 ätherischen Öle (Zimt + Gewürznelke + Zitrone + Rosmarin + Eukalyptus) zusammen mit dem Basis-Öl (Olivenöl oder Mandelöl oder Traubenkernöl) mit Hilfe eines Holzlöffels, bis man eine homogene Mischung hat.

Empfehlungen:

Um von der Göttlichen Barmherzigkeit zu erlangen, dass diese Pandemie durch Göttlichen Willen gemildert wird, muss die Menschheit die Heiligste Dreifaltigkeit anrufen.

Zusammen mit dem Gebet lade ich euch ein, gesegnetes Öl zu verwenden, und wenn ihr das Öl des Barmherzigen Samariters habt, einen Tropfen auf den Rahmen der Eingangstüre der Wohnung und deren Rückseite streichen.

In diesem Moment ist es wichtig, sich im Stand der Gnade zu befinden.

Sturm und Stille

Plötzlich erhob sich ein heftiger Wirbelsturm
und die Wellen schlugen in das Boot,
sodass es sich mit Wasser zu füllen begann.
Er aber lag hinten im Boot
auf einem Kissen und schlief.
Sie weckten ihn und riefen:
Meister, kümmert es dich nicht,
dass wir zugrunde gehen?
Da stand er auf, drohte dem Wind
und sagte zu dem See:
Schweig, sei still!
Und der Wind legte sich
und es trat völlige Stille ein.
Er sagte zu ihnen:
Warum habt ihr solche Angst?
Habt ihr noch keinen Glauben?
(Mk 4,37-40)

... TRAT IM HIMMEL STILLE EIN,
ETWA EINE HALBE STUNDE LANG ...
(OFFB 8,1)

Die sieben Siegel (Offb 6-8)

1. Siegel: weißes Pferd
2. Siegel: feuerrotes Pferd
3. Siegel: schwarzes Pferd
4. Siegel: fahles Pferd
5. Siegel: Seelen der Märtyrer
6. Siegel: gewaltiges Beben
7. Siegel: Stille

1 Als das Lamm das siebte Siegel öffnete, trat im Himmel Stille ein, etwa eine halbe Stunde lang.

2 Und ich sah: Sieben Engel standen vor Gott; ihnen wurden sieben Posaunen gegeben.

3 Und ein anderer Engel kam und trat mit einer goldenen Räucherpfanne an den Altar; ihm wurde viel Räucherwerk gegeben, damit er es mit den Gebeten aller Heiligen auf dem goldenen Altar vor dem Thron darbringe.

4 Aus der Hand des Engels stieg der Weihrauch mit den Gebeten der Heiligen zu Gott empor.

5 Dann nahm der Engel die Räucherpfanne, füllte sie mit glühenden Kohlen, die er vom Altar nahm, und warf sie auf die Erde; da begann es zu donnern und zu dröhnen, zu blitzen und zu beben.

(Offb 8,1-5)

Bruder Jona
11. Februar 2021

Buchempfehlungen

Das unglaubliche Glaubensbuch
Unser Glaube – kurz und bündig, attraktiv und informativ

Bruder Jona, was nun?
Ein Buch zur neuen Lage in Kirche und Welt

Depression
Verstehen, Auslöser und Hilfen

Der Priester – auserwählt und umkämpft
Ein äußerst aktuelles und wichtiges Buch

Die Heilige mit den Rosen
Mit 111 Originalzeugnissen des berühmten Rosenregens

Durch den Glauben zur Freude
Glaubensseminar für jedermann – besonders empfehlenswert

Gottes Barmherzigkeit
Wesen, Gnadenmittel, Zeugnisse – nach Sr. Faustyna Kowalska

Ich glaube, es war mein Engel
Zeugnisse vom Wirken des Schutzengels

Im Reich des Göttlichen Willens,
Schriften der Mystikerin des „Göttlichen Willens"

Lobe den Herrn
Impulse für den Lobpreis – Beliebtes Geschenkbuch

Medjugorje – Wie alles begann
Eine authentische Erzählung über die ersten Erscheinungen

Mein Kommen ist nahe
Träume, Visionen, Einsprechungen - 2

Programm 3000
Das Vermächtnis von P. Emiliano Tardif (Seligsprechung läuft)

Schreib alles auf, was ich dir jetzt sage
Träume, Visionen, Einsprechungen - 1

Unter den Strahlen der Liebe
Impulse zur stillen Anbetung

Weihwasser und andere christliche Heilmittel
Weihwasser ist die „Atombombe" unter den Sakramentalien

Alle Bücher sind erhältlich im Mediatrix-Verlag
3423 St. Andrä-Wördern, Gloriette 5